Das
Zahlenbuch 1
Förderheft Inklusion

Herausgeber:
Marcus Nührenbörger und Ralph Schwarzkopf

Autoren:
Uta Häsel-Weide, Marcus Nührenbörger

Ernst Klett Verlag

Stuttgart · Leipzig · Dortmund

Inhalt

Symbole

✏ Schreibe oder zeichne hier.

🗁 Benutze Material.

☐ Kreuze an.

💬💬 Partnerarbeit

1

  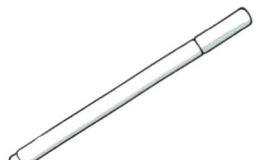 

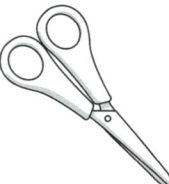  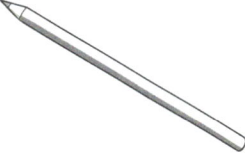

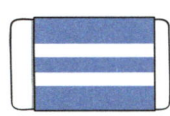 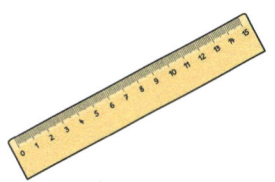

Zahlen in der Umwelt

1 Spielt.

2 Verbinde.

| 1 | 2 | 4 | 9 |

    5     10

3 Verbinde.

| 3 | 2 | 8 | 9 |

    5    10

1 Erfahrungen zur Zahlenreihe und zum Zufall sammeln. Würfelspiel: Start bei 5 (Plättchen als Schatz auf 5 legen; Würfel so verändern, dass er nur 1 und 2 zeigt). Durch abwechselndes Würfeln und Ziehen den Schatz in die eigene Höhle bringen.
2, 3 Beziehungen zwischen Zahlsymbolen und Steinreihe herstellen.

→ Schulbuch, Seiten 6/7   → KV

Zahlen bis 10

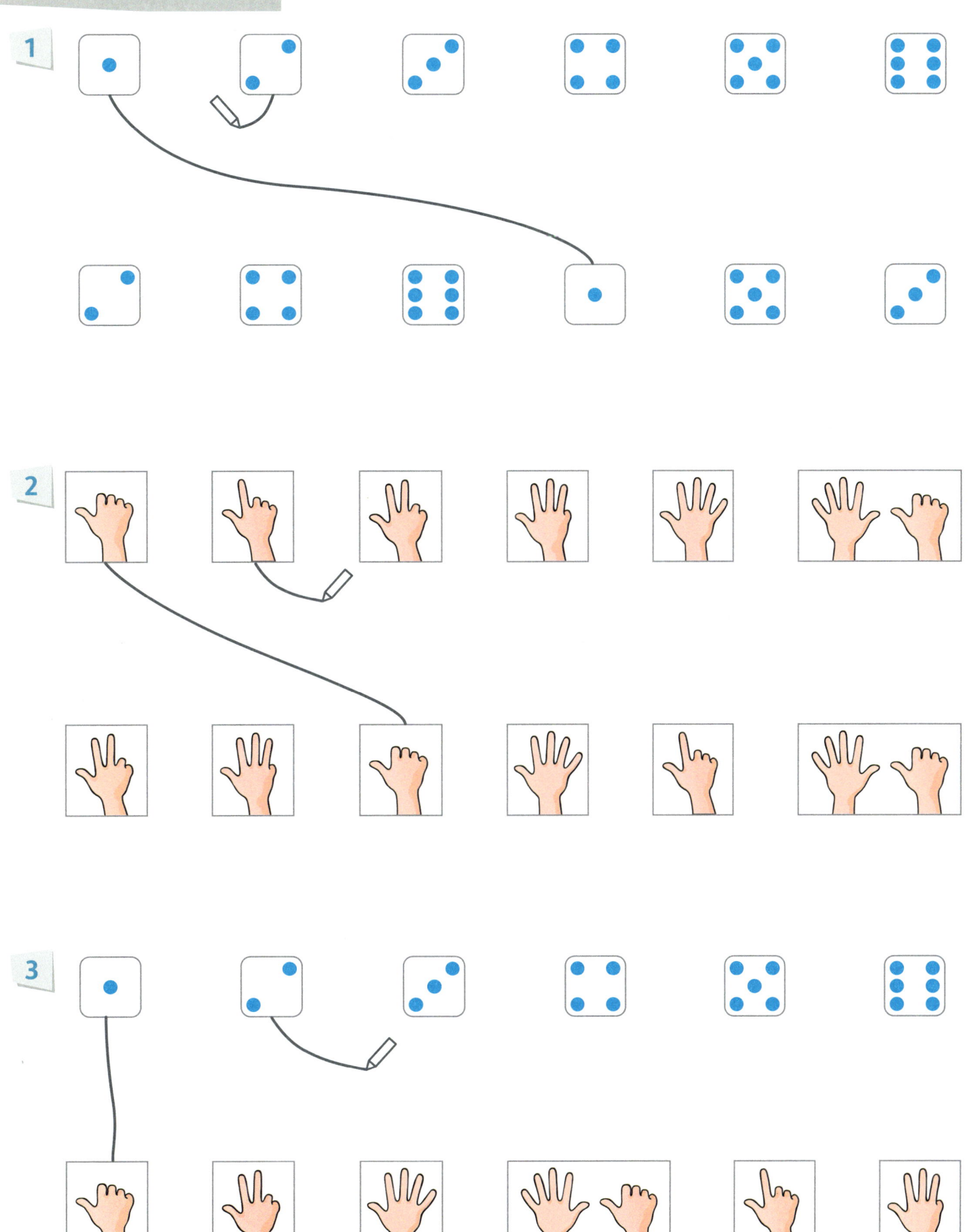

1 Gleiche Würfelbilder verbinden. 2 Gleiche Fingerbilder verbinden. 3 Würfelbilder und Fingerbilder passend verbinden.

→ Schulbuch, Seiten 8/9

5

Zahlen bis 10

 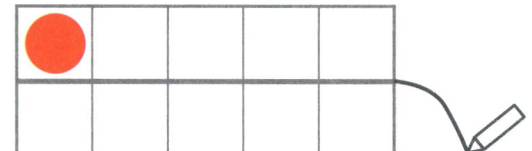 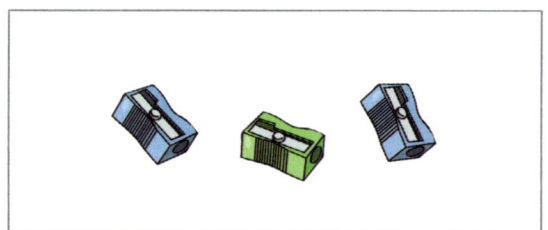

 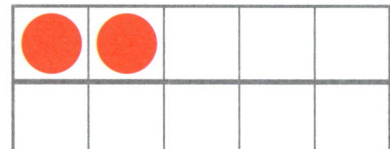 

 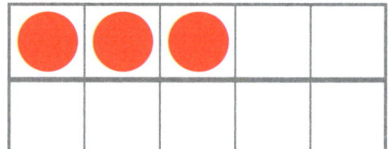 

 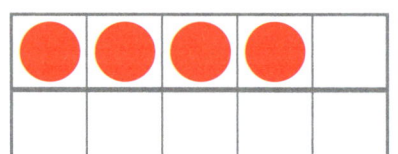 

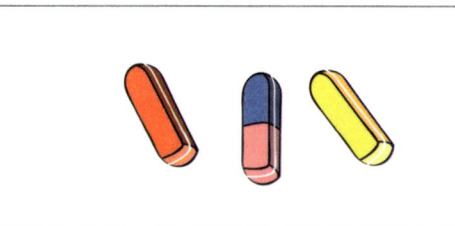

 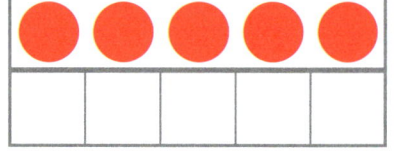 

1 Zehnerfeld und Mengen passend verbinden. Manche Zehnerfelder werden doppelt zugeordnet.

→ Schulbuch, Seiten 8/9

1

 6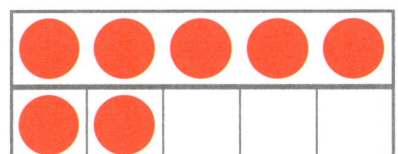

 7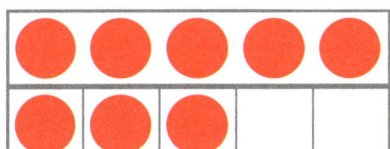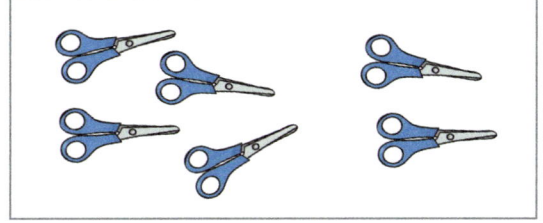

 8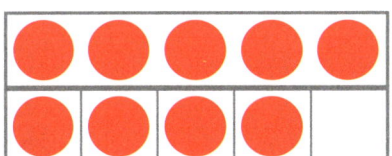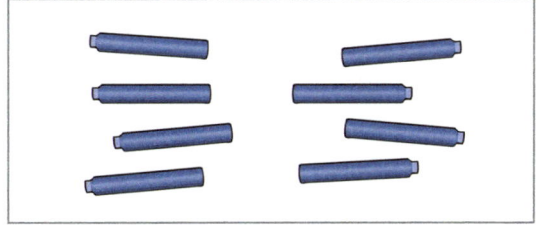

 9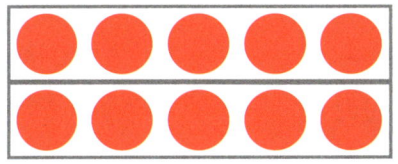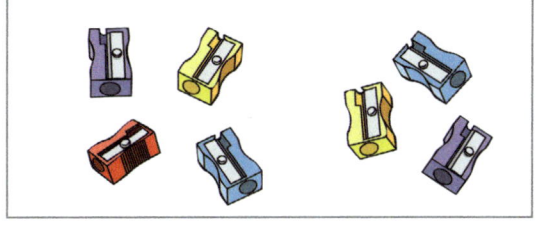

10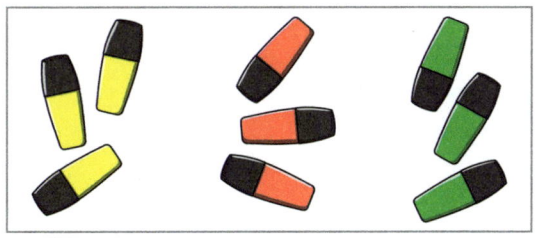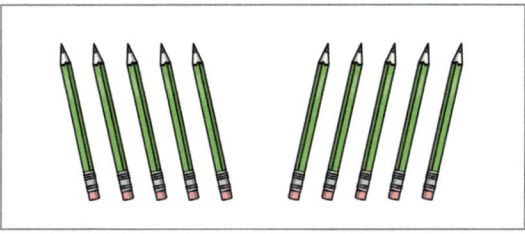

1 Zehnerfeld und Mengen passend verbinden. Manche Zehnerfelder werden doppelt zugeordnet.

→ Schulbuch, Seiten 8/9

Zahlen am Körper

1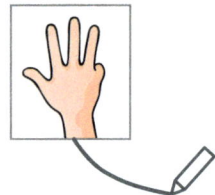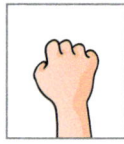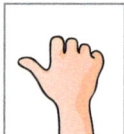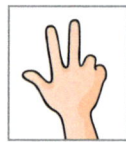

| 0 | 1 | 2 | 3 | 4 | 5 |

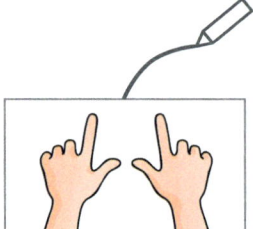 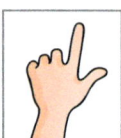 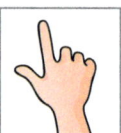 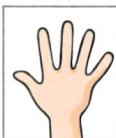

2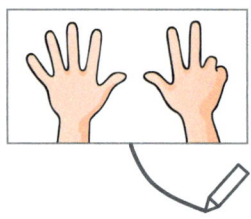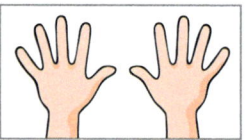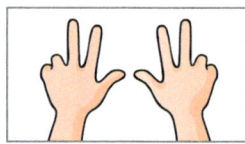

| 6 | 7 | 8 | 9 | 10 |

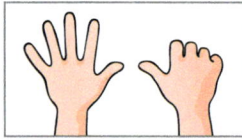 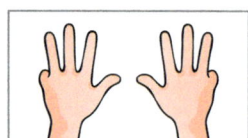 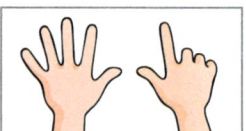

8

1, 2 Verbinden von Fingerbildern und Zahlenkarten. Manche Zahlenkarten werden doppelt zugeordnet.

→ Schulbuch, Seiten 10/11

Zahlen am Körper

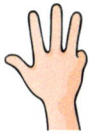 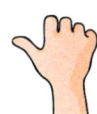   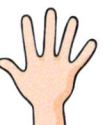

4 _____   _____   _____   _____   _____

  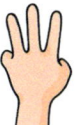 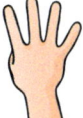 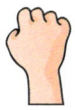

_____   _____   _____   _____   _____

2

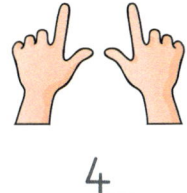 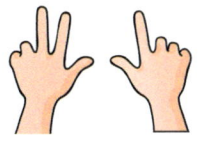 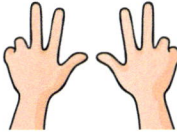

4 _____   _____   _____

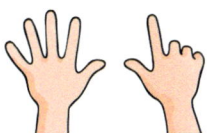 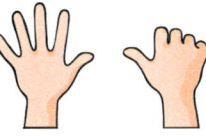 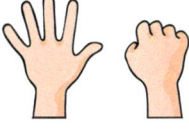

_____   _____   _____

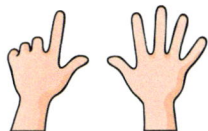 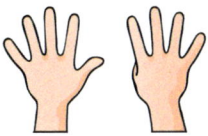 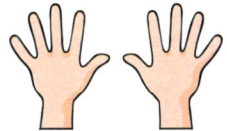

_____   _____   _____

1, 2 Fingerdarstellung erkennen und Anzahlen bestimmen.

→ Schulbuch, Seiten 10/11

1

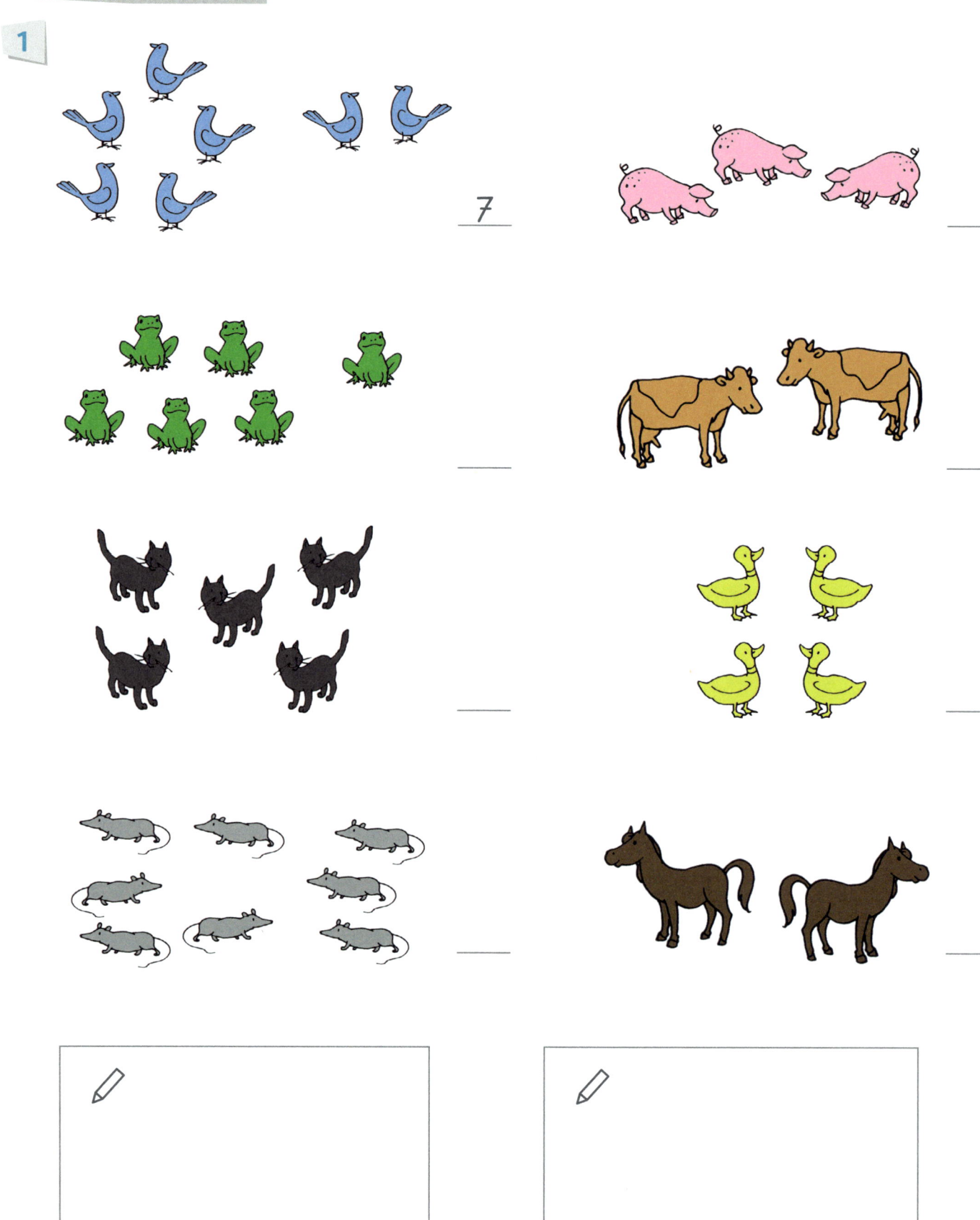

7

1 Anzahlen bestimmen. Lösungen mit Schulbuch S. 12 vergleichen.

→ Schulbuch, Seiten 12/13

Muster legen

1 Lege nach. Zeichne.

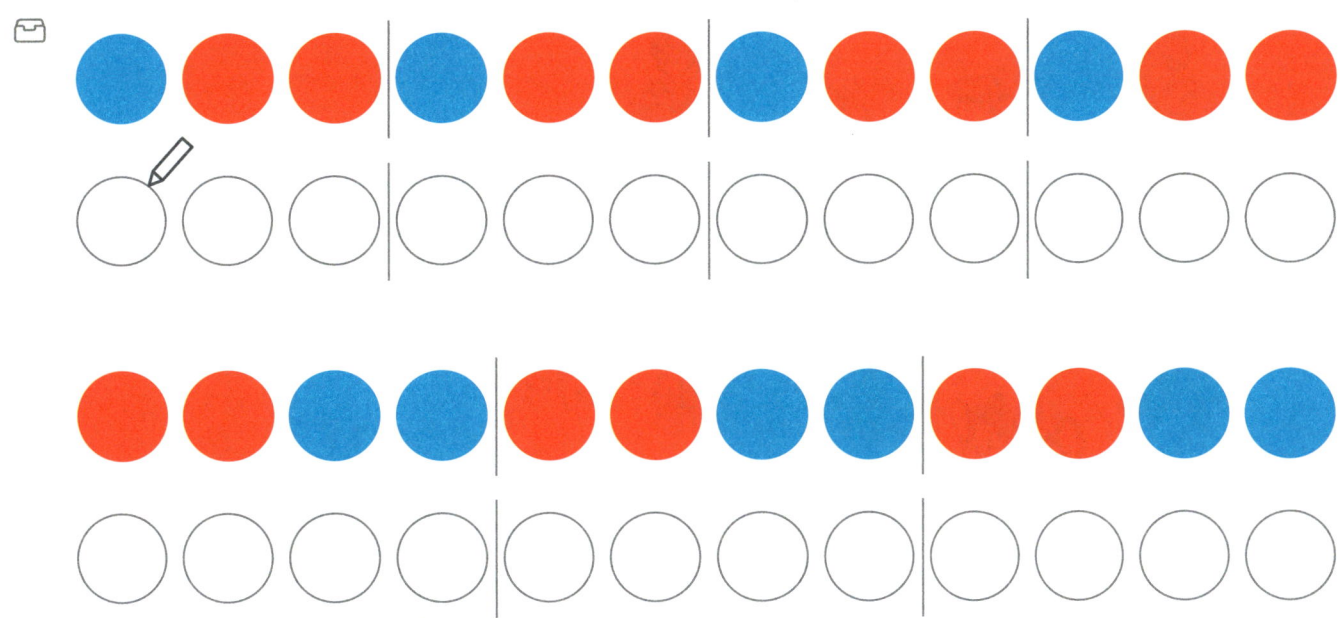

2 Setze fort. Zeichne.

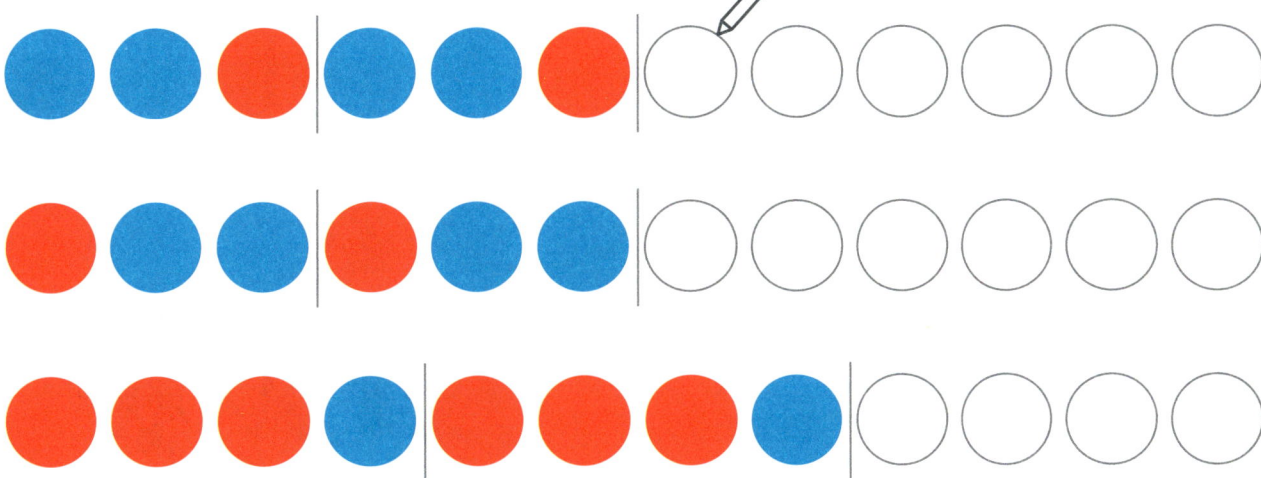

3 Finde eigene Muster. Zeichne.

1 Muster nachzeichnen. **2** Muster fortsetzen. Die senkrechten Linien unterstützen das Erkennen der Struktur. **3** Eigene Muster erfinden.

→ Schulbuch, Seiten 14/15 → KV

11

Mengen vergleichen

1 Verbinde. Wovon sind es mehr? Kreise ein.

 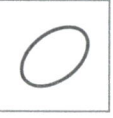 

1 Mengenvergleich durch 1:1-Zuordnung. Ikon der größeren Menge einkreisen.

→ Schulbuch, Seiten 16/17

Mengen vergleichen

1 Verbinde. Wovon sind es mehr? Kreise ein.

1 Mengenvergleich durch 1:1-Zuordnung. Ikon der größeren Mengen einkreisen.

→ Schulbuch, Seiten 16/17

1

2

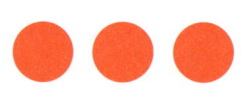

_____

_____

_____

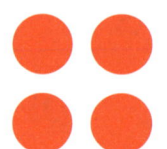

_____

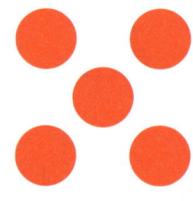

_____

2 Immer 4.

3 · 1

4

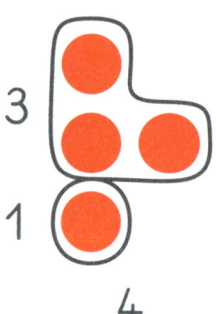

3 · 1

4

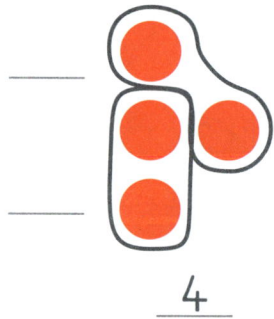

_____

4

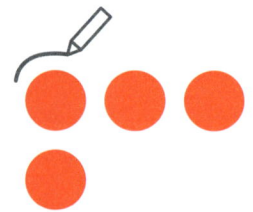

_____

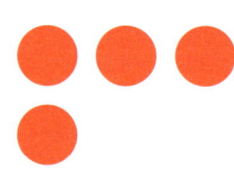

_____

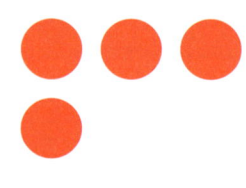

_____

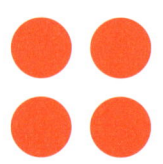

_____

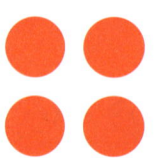

_____

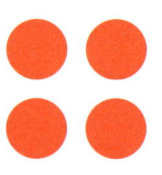

_____

1 Mengen von 1 bis 5 simultan erfassen.   **2** Vorteilhaftes Zählen durch Zerlegen in Teilmengen. Teilmengen einkreisen und Anzahl der Teile und der Gesamtzahl notieren. Unterschiedliche Zerlegungen sind möglich.

→ Schulbuch, Seiten 18/19   → KV

Zehnerfelder

1 Wie viele?

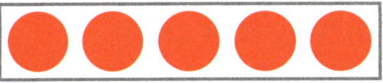   5   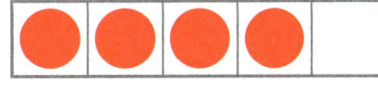   ___

   ___      ___

2

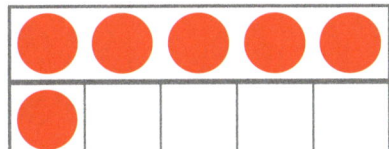   ___   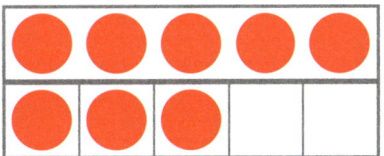   ___

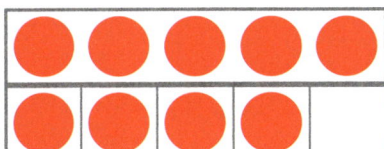   ___   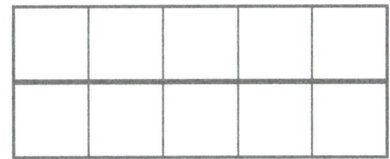   ___

3 Zeichne. Vergleiche.

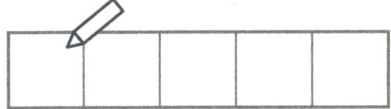   1   1

   3   3

   5   5

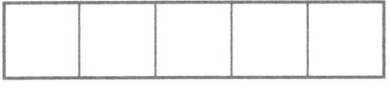   ___   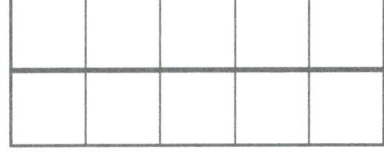   ___

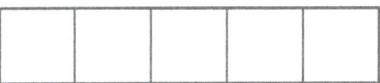

1, 2 Mengen im Fünferfeld und Zehnerfeld schnell erfassen. **3** Anzahlen im Fünferfeld und Zehnerfeld darstellen und Darstellungen vergleichen.

→ Schulbuch, Seiten 20/21   → KV

Kraft der 5

1

5

7

2

2

5　　　　5

3 Zeichne mit 5.

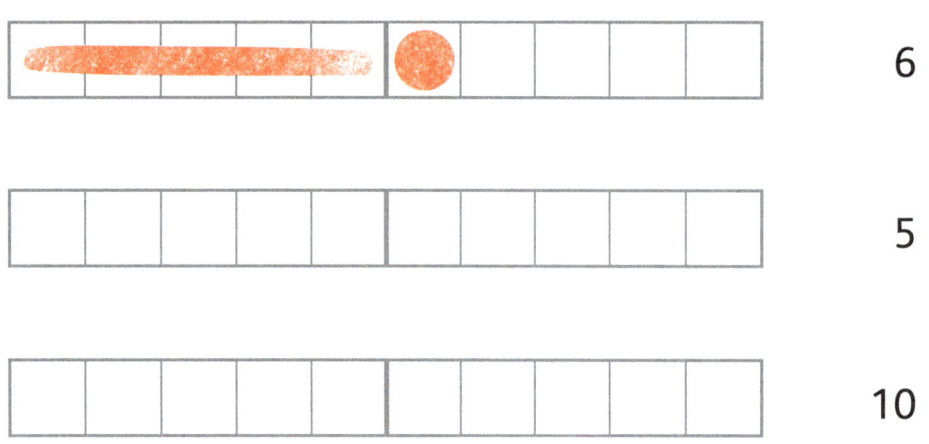

6

5

10

1, 2 Fünferbündelung nutzen und Anzahlen bestimmen. Mit Kindern darüber sprechen, wie die Mengen in unterschiedlichen Zehnerfeldern dargestellt werden.　**3** Mengen ggf. legen, für den Fünferstreifen einen Strich zeichnen.

→ Schulbuch, Seiten 22/23

Immer 5

1 Immer 5. Finde die Fünferpartner.

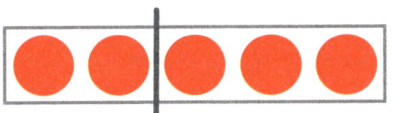 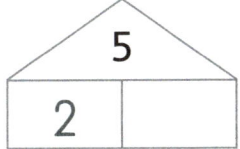

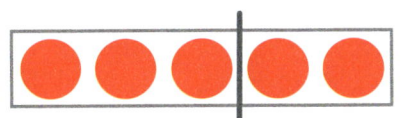 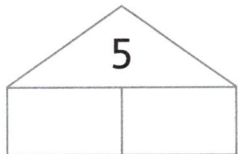

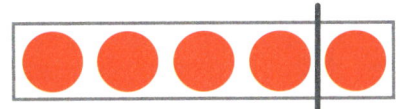 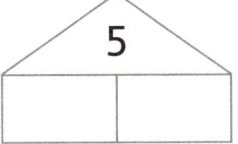

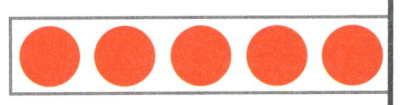 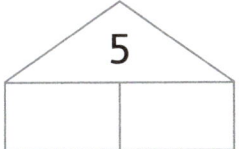

2 Immer 5. Zeichne. Vergleiche.

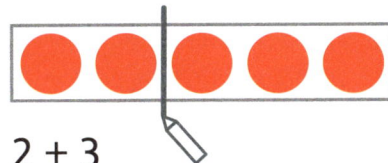

2 + 3

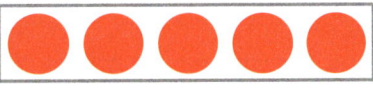

3 + 2

1 + 4

4 + 1

5 + 0

0 + 5

1 Zerlegungen finden. Im Zerlegungshaus notieren. **2** Zerlegungen einzeichnen und vergleichen.

→ Schulbuch, Seiten 24/25   → KV

17

Zahlen zerlegen

1 Zerlege.

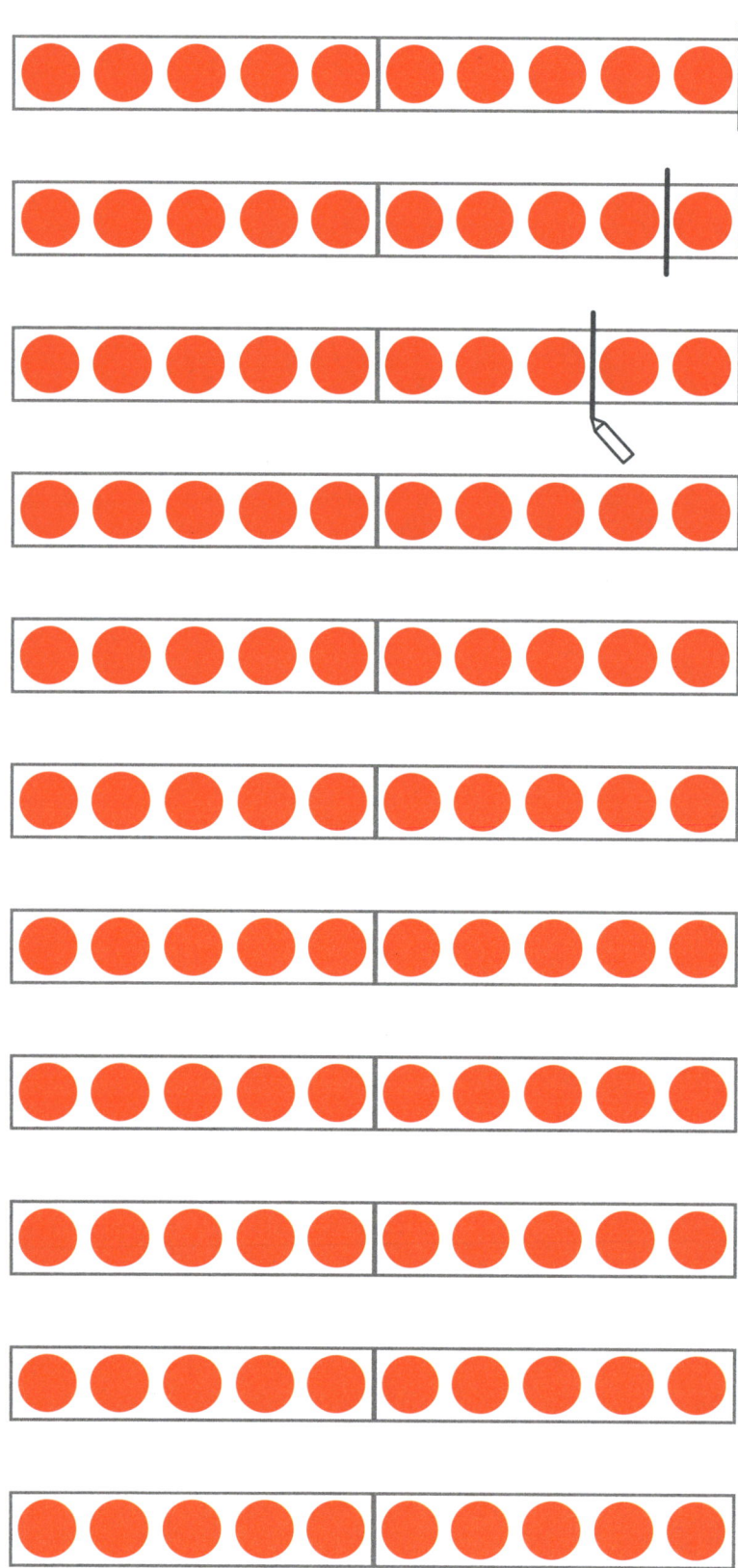

10
10 + 0
9 + 1
+
+
+
+
+
+
+
+
+

1 Zerlegungen am Zehnerstreifen darstellen und Aufgaben im Zahlenhaus notieren. Den Stift immer um 1 nach links verschieben. Darüber sprechen, welches Muster entsteht.

→ Schulbuch, Seiten 26/27

Zahlen zerlegen

1 Immer 2 Zerlegungen. Vergleiche. Was fällt dir auf?

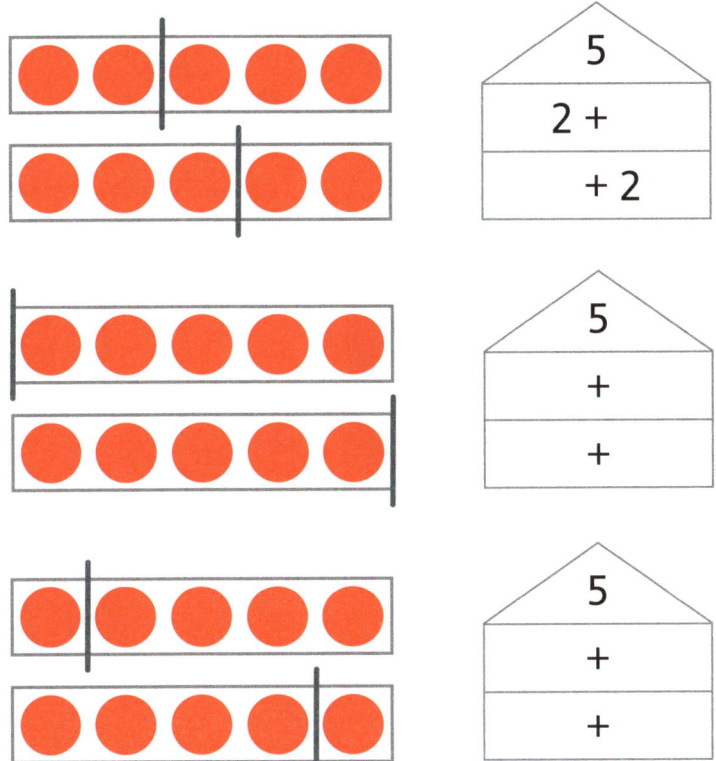

2 Schwierige Zerlegungen?

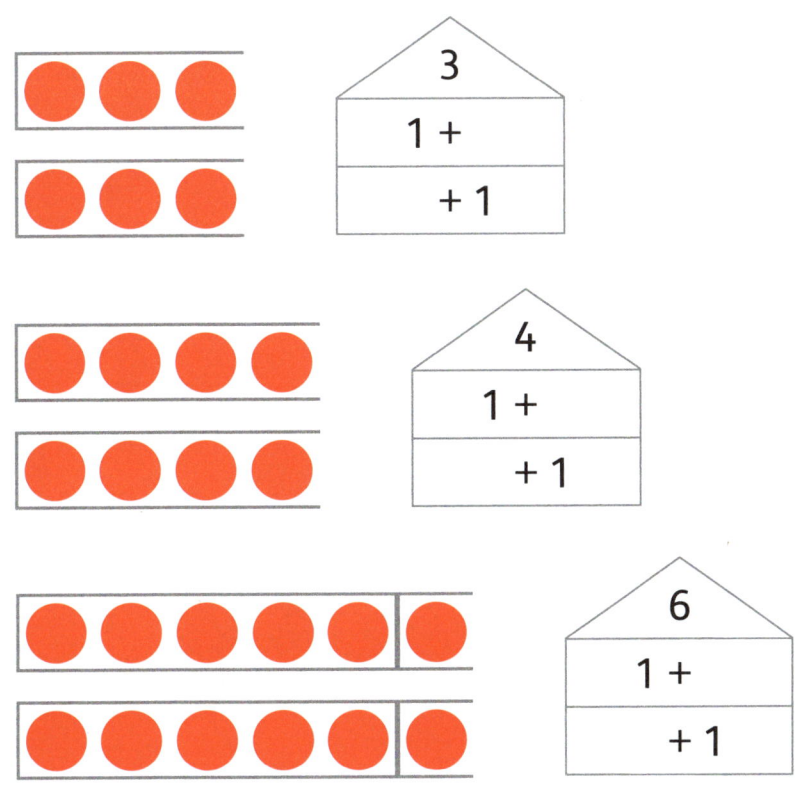

1 Zerlegungen miteinander vergleichen. Tauschaufgaben erkunden. Zerlegungen der 5 vertiefen. 2 Wichtige Zerlegungen mit 1 erkunden.

→ Schulbuch, Seiten 26/27   → KV

19

Unterschiede

1 Wo ist mehr?

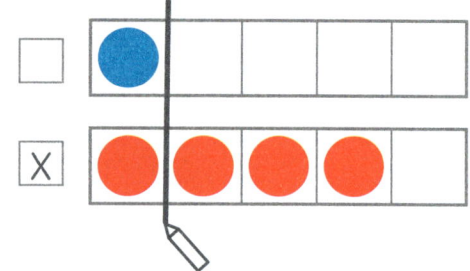

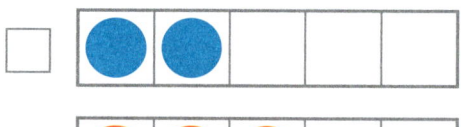
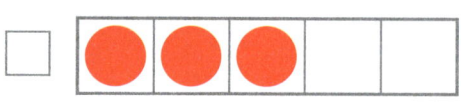

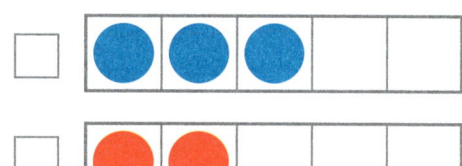

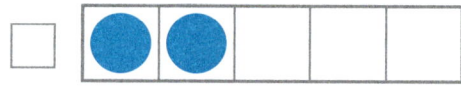

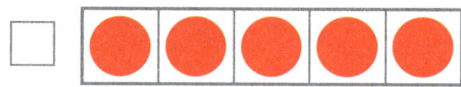

2 Wie groß ist der Unterschied?

2

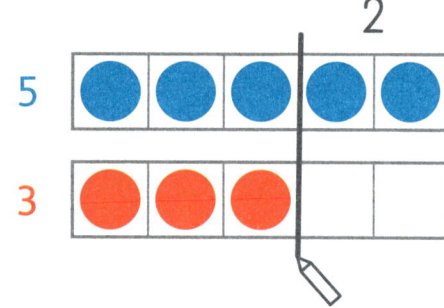

3
5
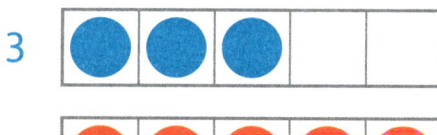

4
5
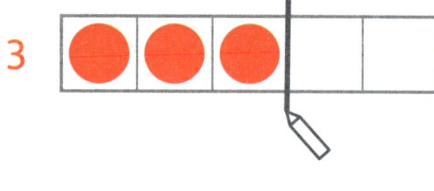

2
5

5
1
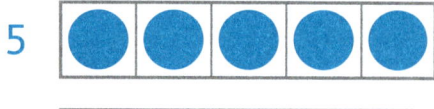
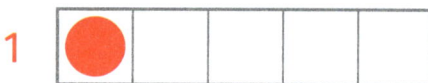

4
4
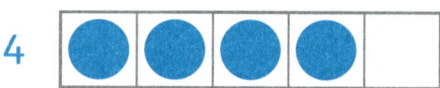
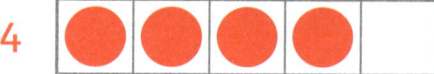

1 Mengen vergleichen und größere Menge ankreuzen.   2 Unterschiede bestimmen.
→ Schulbuch, Seiten 28/29   → KV

Würfeltürme

1 Zeichne.

Links ist 1 Würfel.
Rechts sind 4 Würfel.

Zusammen sind es 5.
Genau wie bei mir.

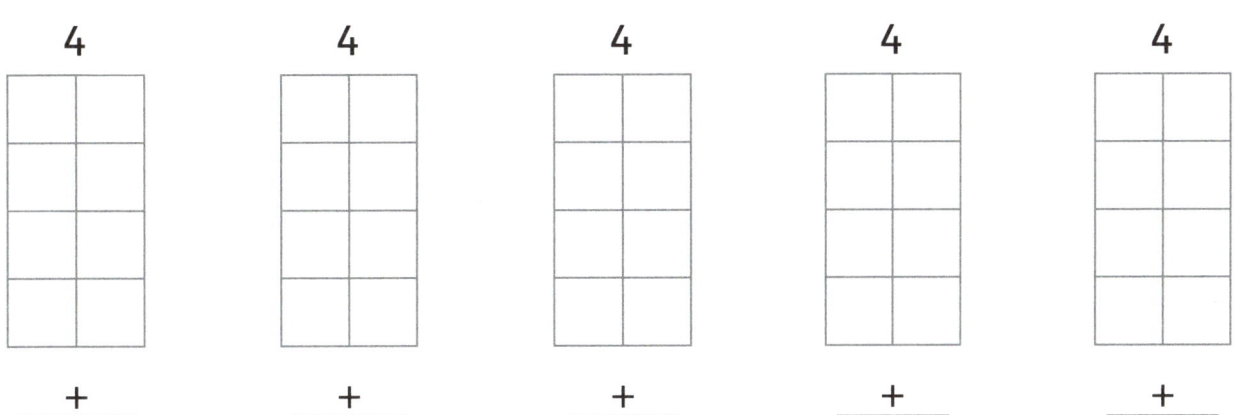

Eric   Finn

5	5

1 + 4   +

2 Immer 4 Würfel.

4	4	4	4	4

+   +   +   +   +

3 Immer 1 mehr. Beschreibt und setzt fort.

5	6	7	8

1 + 4   2 +   +   +

1 Würfeltürme mit 5 Würfeln finden. 2 Würfeltürme mit 4 Würfel finden. 3 Würfeltürme verändern. Mit Kindern über die Veränderung sprechen.

→ Schulbuch, Seite 30   → KV

21

1 Immer .

$\underline{6} + \underline{0}$ 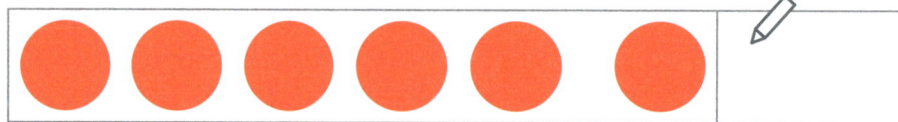

___ + ___   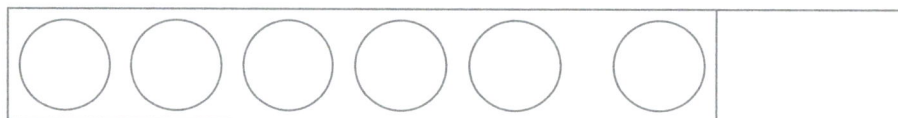

___ + ___   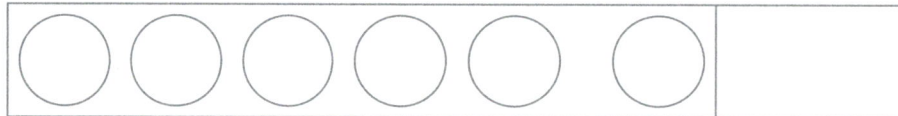

___ + ___   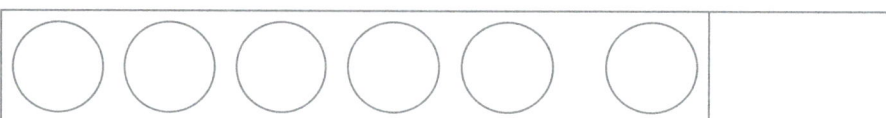

___ + ___   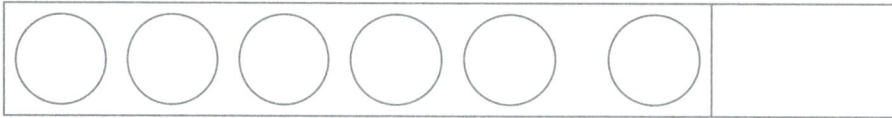

___ + ___   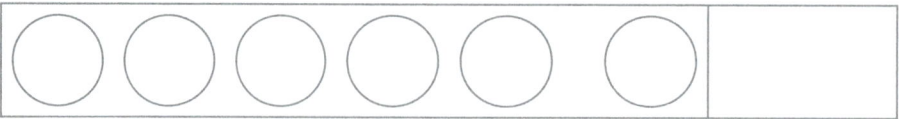

___ + ___   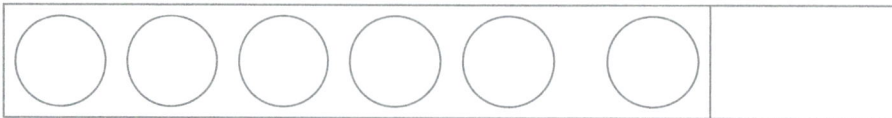

1 Plättchen werfen und legen oder zeichnen, passende Zerlegungsaufgaben notieren. Kinder anregen nur unterschiedliche Aufgaben zu notieren. Darüber sprechen, ob alle Möglichkeiten gefunden wurden. Ergebnisse in Strichliste festhalten.

→ Schulbuch, Seite 31   → KV

1 Zahlen bis 10 schnell sehen.

   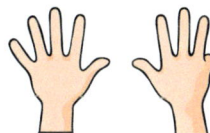   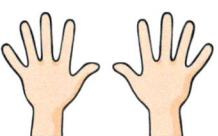

_____   _____   _____

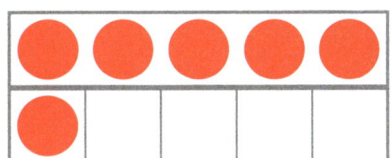   _____   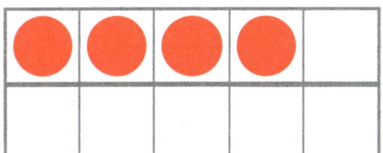   _____

2 Zahlen zerlegen.

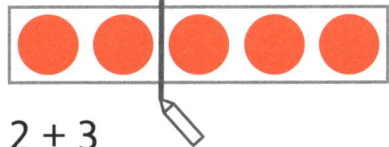   

2 + 3   3 + 2

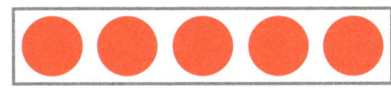

1 + 4   0 + 5

3 Wie groß ist der Unterschied?

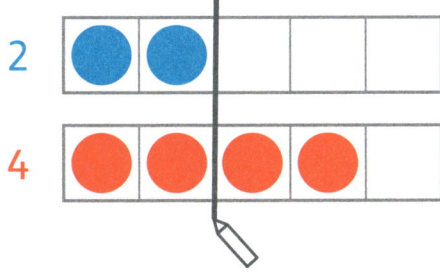   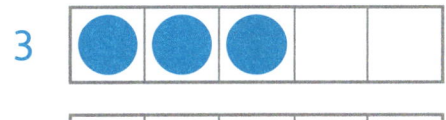
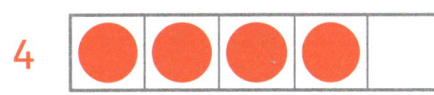

Wesentliche Inhalte des Kapitels noch einmal reflektieren, die eigenen Kompetenzen einschätzen.
→ Schulbuch, Seiten 32/33

23

1

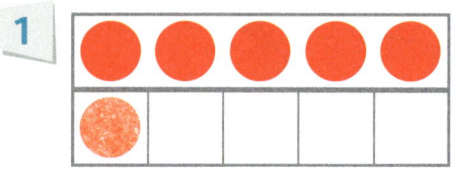 

5 + _1_

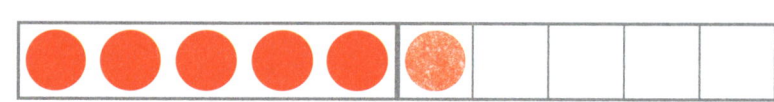

5 + _1_

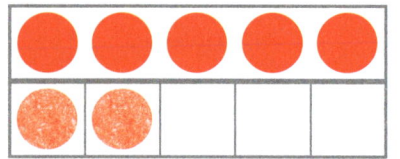

5 + ____

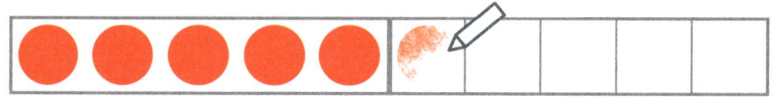

5 + ____

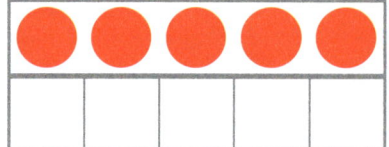 

5 + ____

5 + ____

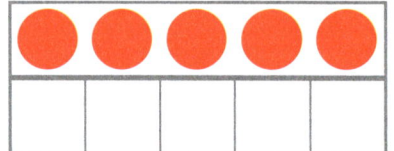

5 + ____

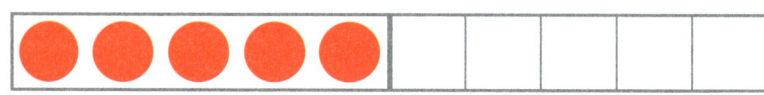

5 + ____

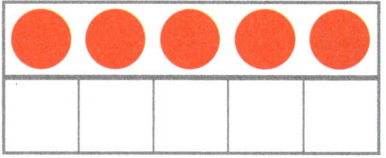

5 + ____

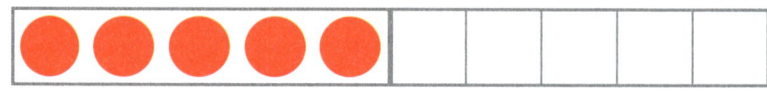

5 + ____

1 Zahlzerlegungen an verschiedenen Zehnerfeldern darstellen, Kraft der Fünf nutzen.
→ Schulbuch, Seiten 38/39

Zahlen bis 20

1 Lege am Zwanzigerfeld.

2	5	10	15	20

Leo

2 Welche Zahlen?

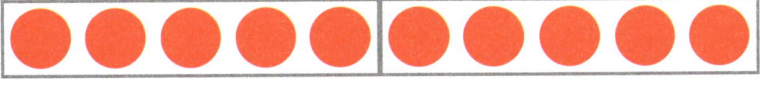

10

1   11

☐

☐   ___

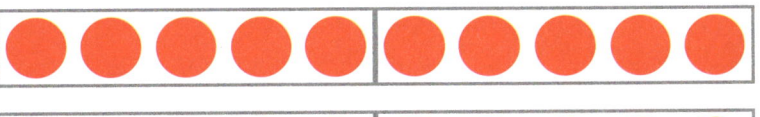

☐

☐   ___

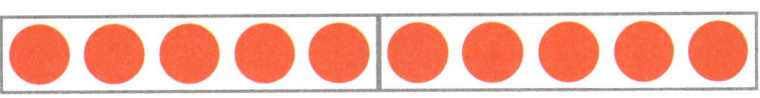

☐

☐   ___

---

1 Zahlen am Zwanzigerfeld legen.   **2** Zahlen am Zwanzigerfeld erkennen und legen, Zehnerstreifen und ggf. Fünferstreifen benutzen. Dabei kann 20 als Zerlegung von 10 und 10 dargestellt werden.

→ Schulbuch, Seiten 38/39

Das Zwanzigerfeld

1 Wie viele?

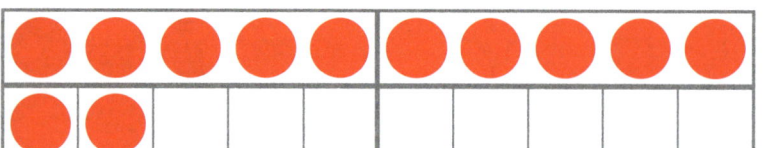  $10 + 2$ __12__

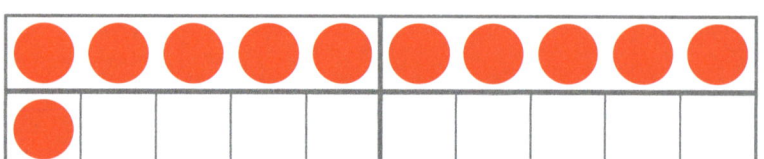 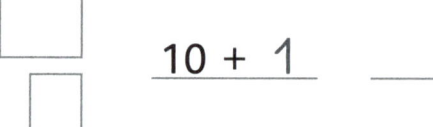 $10 + 1$ ___

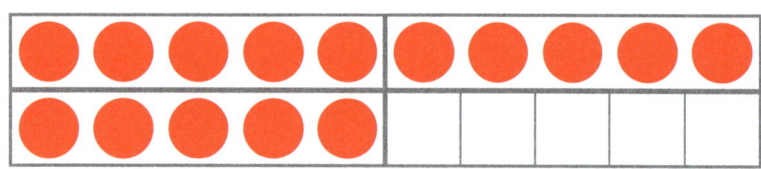 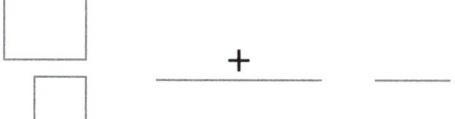 ___ $+$ ___

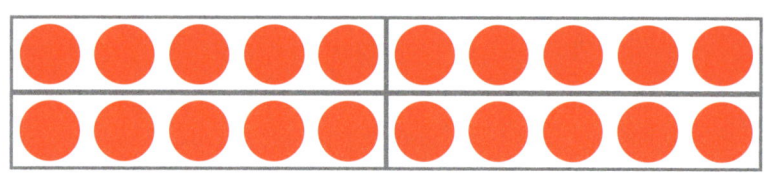 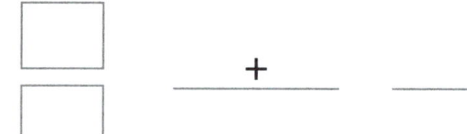 ___ $+$ ___

2 Zeichne.

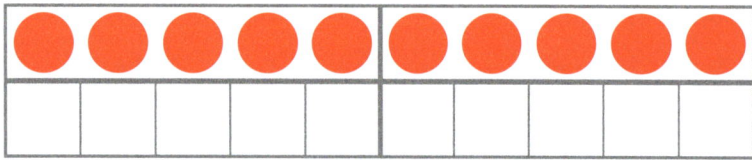 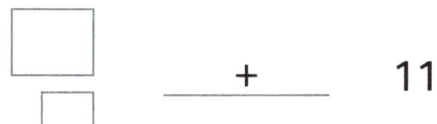 ___ $+$ ___ 11

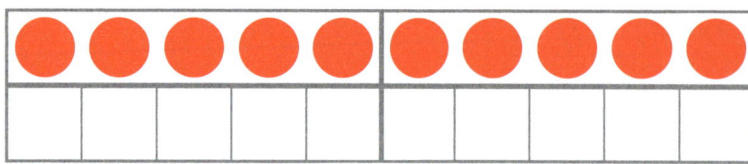 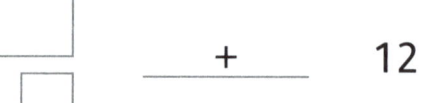 ___ $+$ ___ 12

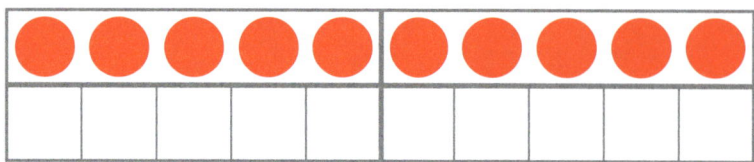 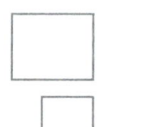 ___ $+$ ___ 13

1 Zahlen am Zwanzigerfeld zerlegen. Dabei 10 in einer Reihe erfassen. Gesamtanzahlen und Teilanzahlen bestimmen. Zerlegung notieren. **2** Gesamtanzahl als Zehnerreihe und Einerplättchen darstellen. Gesamtanzahlen und Teilanzahlen bestimmen. Zerlegung notieren.

→ Schulbuch, Seiten 40/41

1 Immer 10 mehr.

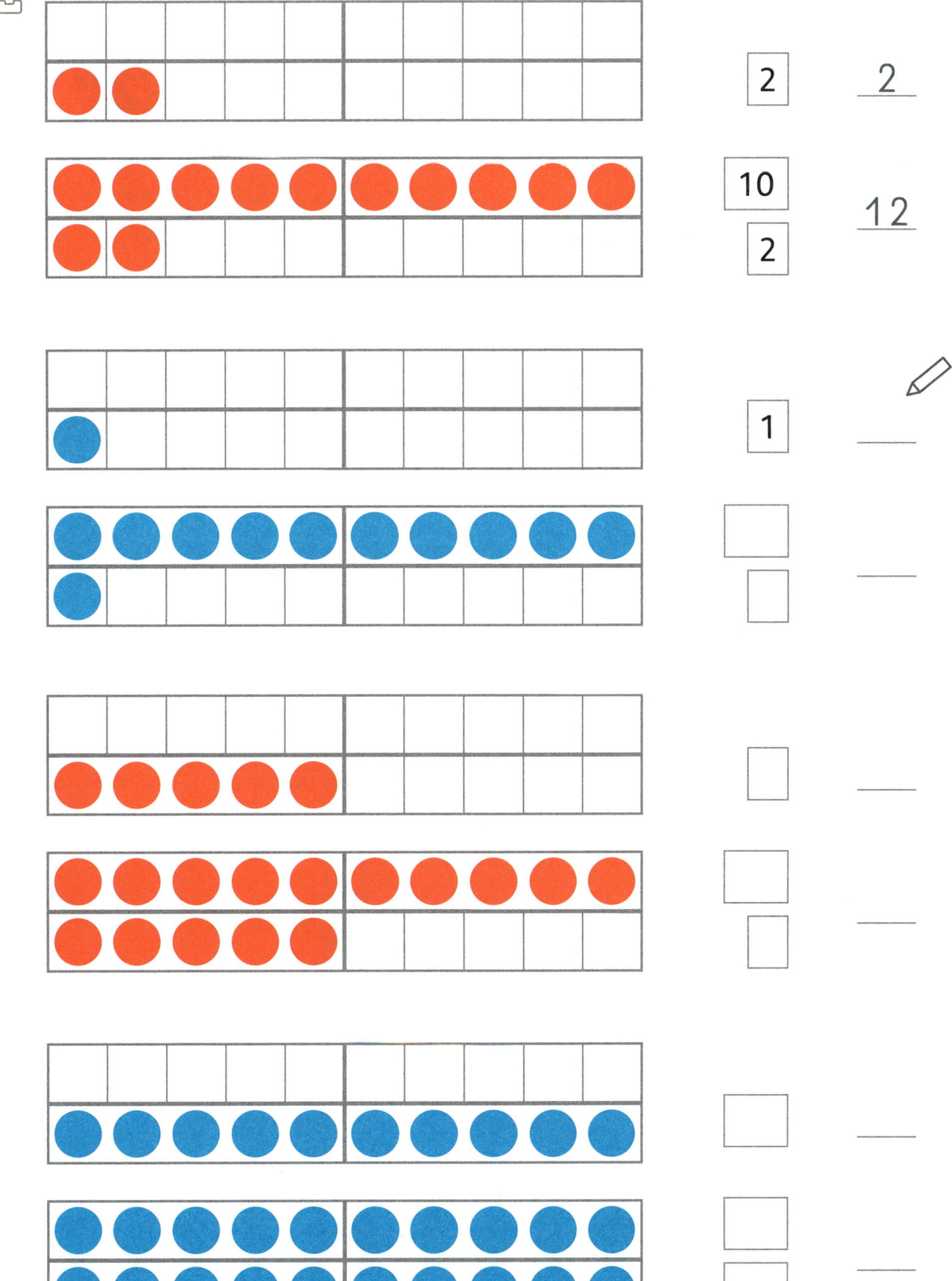

2   2

10
2   12

1   ___

___

___

___

___

___

___

1 Zahlen mit Zehneranalogie erfassen und legen. Gesamtanzahlen und Teilanzahlen bestimmen.

→ Schulbuch, Seiten 40/41   → KV

27

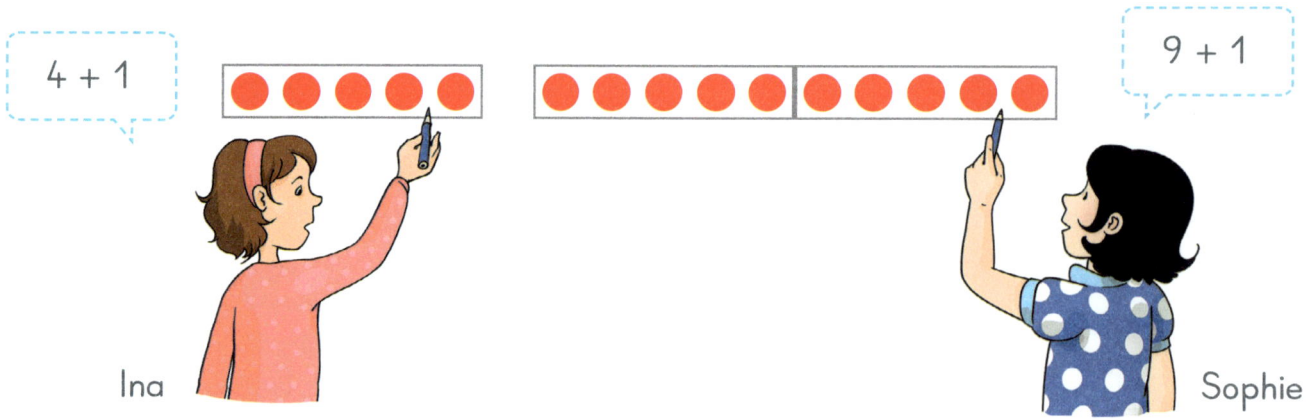

1 Immer 5.

4 + 1

3 + _____

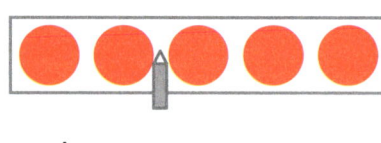

_____ + _____

Immer 10.

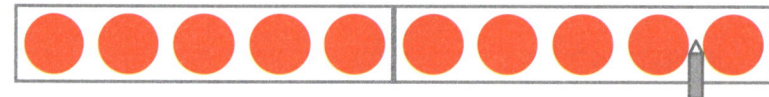

9 + 1

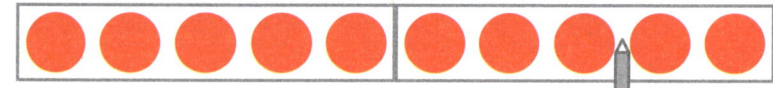

8 + _____

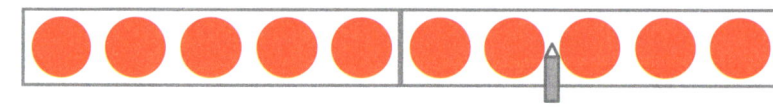

_____ + _____

2 Zerlege.

Immer 5.

1 + _____

2 + _____

3 + _____

_____ + _____

Immer 10.

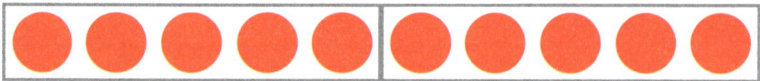

1 + _____

2 + _____

3 + _____

_____ + _____

1 Operative Serien zur Zerlegung von 5 und 10 lösen. Über die Gemeinsamkeiten sprechen. Was fällt euch auf?
2 Zerlegungsaufgaben zunehmend mental lösen. Darstellung an der Reihe ist möglich und kann bei Schwierigkeiten angeregt werden.

→ Schulbuch, Seiten 42/43

Immer 10

1 Immer 10.

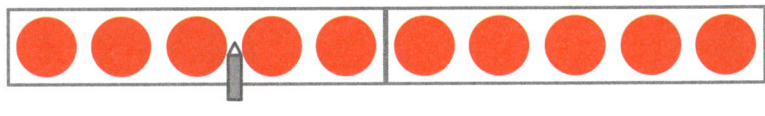

____ + ____

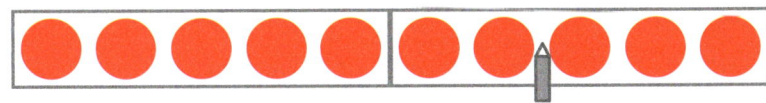

____ + ____

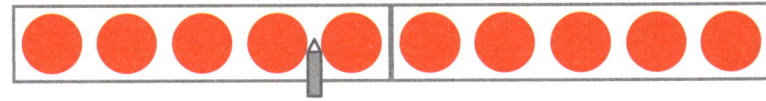

____ + ____

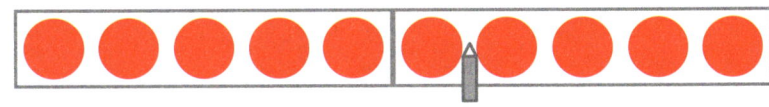

____ + ____

2 Finde Paare.

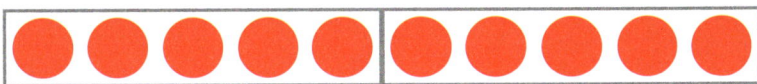

0 + 10	10 + 0
2 + 8	8 + ____
4 + __	____ + ____
____ + ____	____ + ____
____ + ____	____ + ____
____ + ____	____ + ____

1 Tauschaufgaben im Kontext von Zerlegungen lösen. Über die Unterschiede zwischen den Aufgaben sprechen **2** Eigene Aufgaben zur Zerlegung der 10 finden.

→ Schulbuch, Seiten 42/43 → KV

29

Zahlen vergleichen

$7 < 9$

kleiner als

weniger als

$7 > 6$

größer als

mehr als

1 Vergleiche. < oder >?

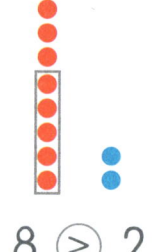

$8 \; \textcircled{>} \; 2$

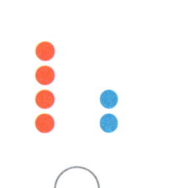

___ ◯ ___

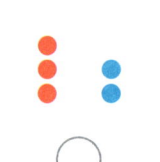

___ ◯ ___

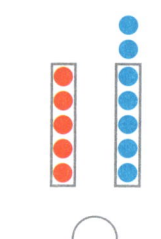

___ ◯ ___

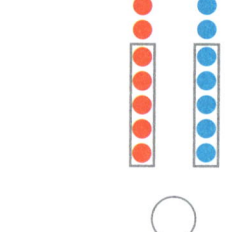

___ ◯ ___

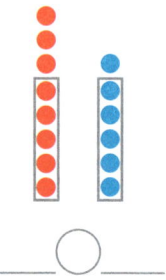

___ ◯ ___

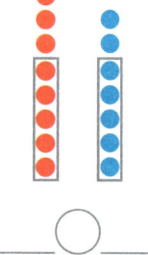

___ ◯ ___

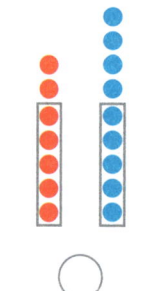

___ ◯ ___

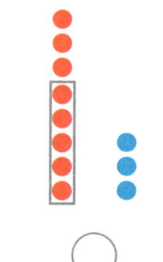

___ ◯ ___

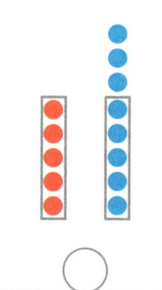

___ ◯ ___

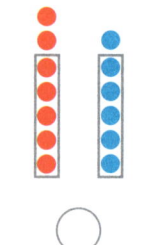

___ ◯ ___

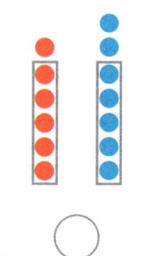

___ ◯ ___

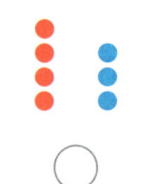

___ ◯ ___

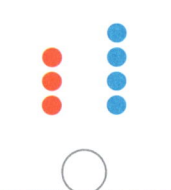

___ ◯ ___

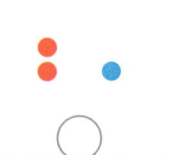

___ ◯ ___

1 Anzahlen vergleichen.

→ Schulbuch, Seiten 44/45   → KV

Zahlen vergleichen

1 Vergleiche.

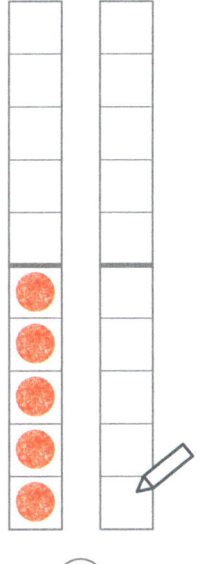 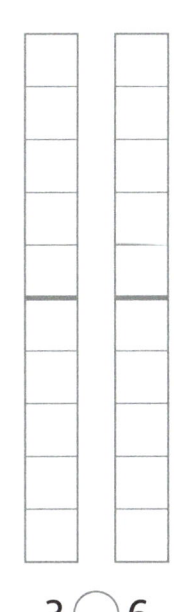 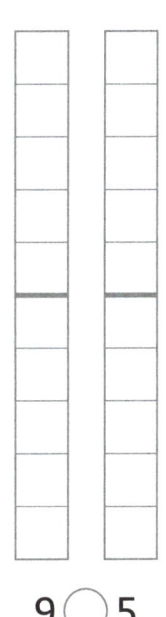 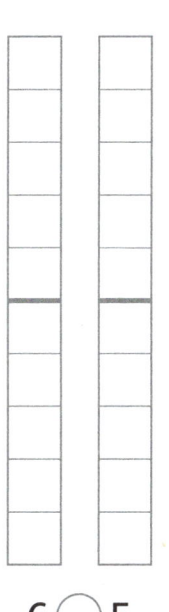

5 ◯ 4   3 ◯ 6   9 ◯ 5   6 ◯ 5

2 Vergleiche immer 2 Zahlen.

1 ◯ 4	5 ◯ 1
1 ◯ 5	5 ◯ 4
1 ◯ 6	5 ◯ 6
4 ◯ 1	6 ◯ 1
4 ◯ 5	6 ◯ 4
4 ◯ 6	6 ◯ 5

1   4   5   6

Till   Murat

3 Vergleiche immer 2 Zahlen.

3 ◯ 6	6 ◯ 3	9 ◯ 3	10 ◯ 3
3 ◯ 9	6 ◯ 9	9 ◯ 6	10 ◯ 6
3 ◯ 10	6 ◯ 10	9 ◯ 10	10 ◯ 9

1 Anzahlen zeichnen und vergleichen.   **2, 3** Ausgewählte Zahlen vergleichen, evtl. immer direkte Anzahlvergleiche durchführen.

→ Schulbuch, Seiten 44/45

31

Die Zwanzigerreihe

1 Welche Zahlen fehlen?

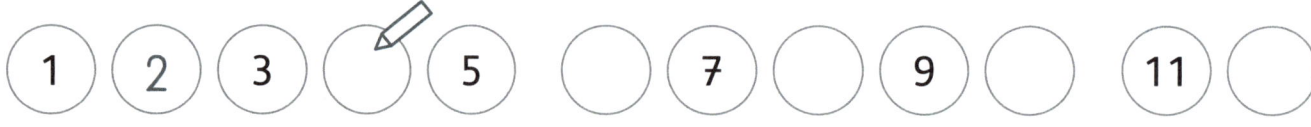

2

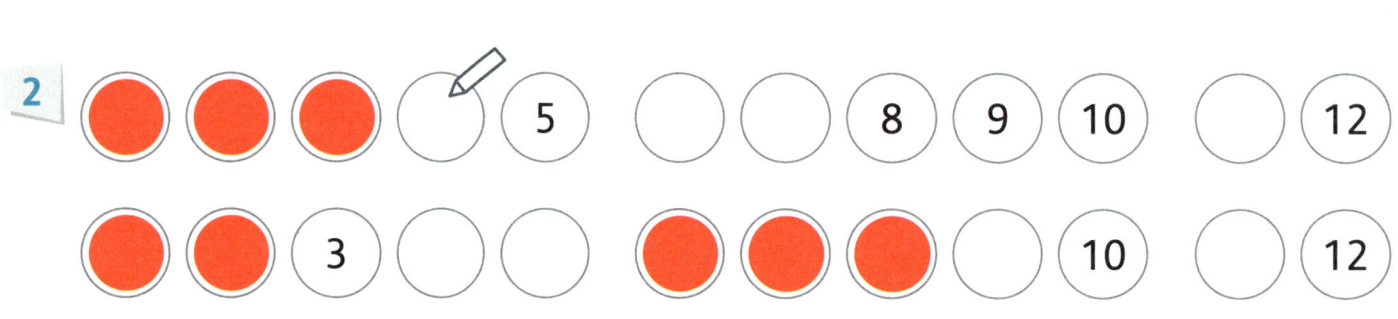

3 Verbinde.

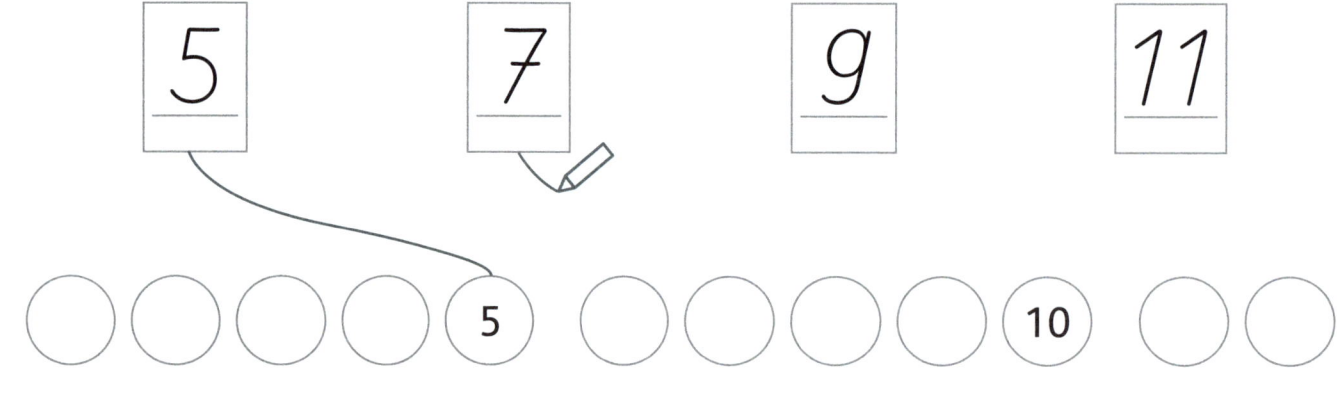

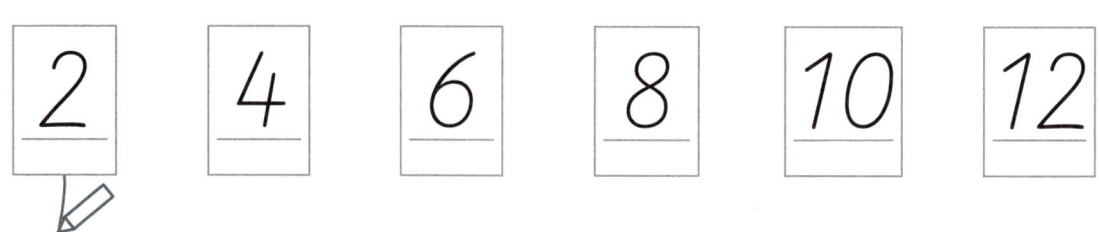

1 Lücken in der Zahlenreihe bis 12 füllen. Dabei Orientierung an unterschiedlichen vorgegebenen Zahlen. **2** Zahlenreihe ist teilweise verdeckt und kann nicht mehr vollständig ausgefüllt werden. **3** Einige Zahlen mit der Zahlenreihe verbinden. Zahlenreihe ist nicht mehr vollständig ausgefüllt. 5 und 10 bieten Orientierung.

→ Schulbuch, Seiten 46/47

Die Zwanzigerreihe

1 Immer 1 weiter.

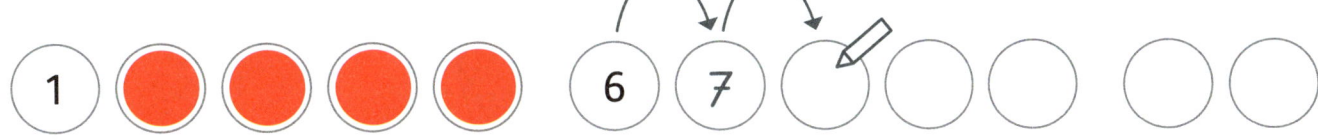

2 Immer 1 zurück.

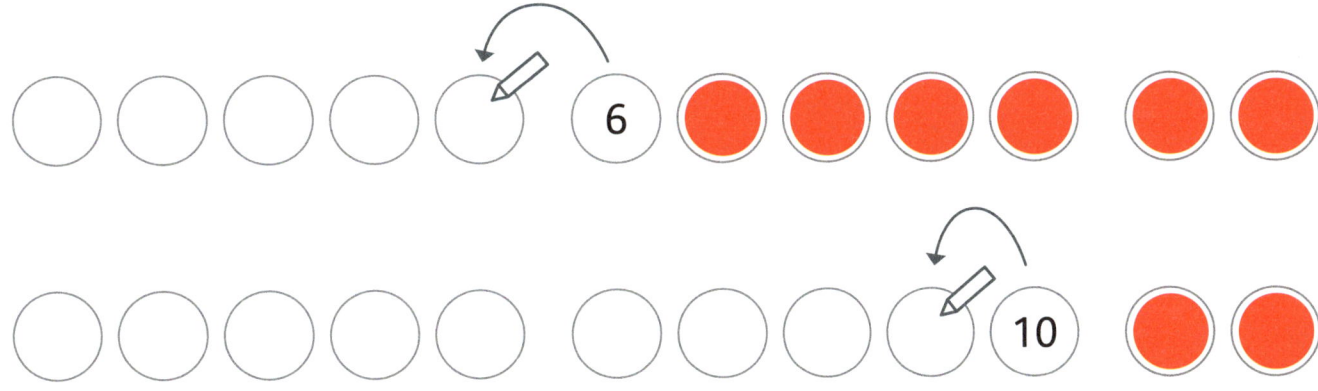

3 Immer 2 weiter.

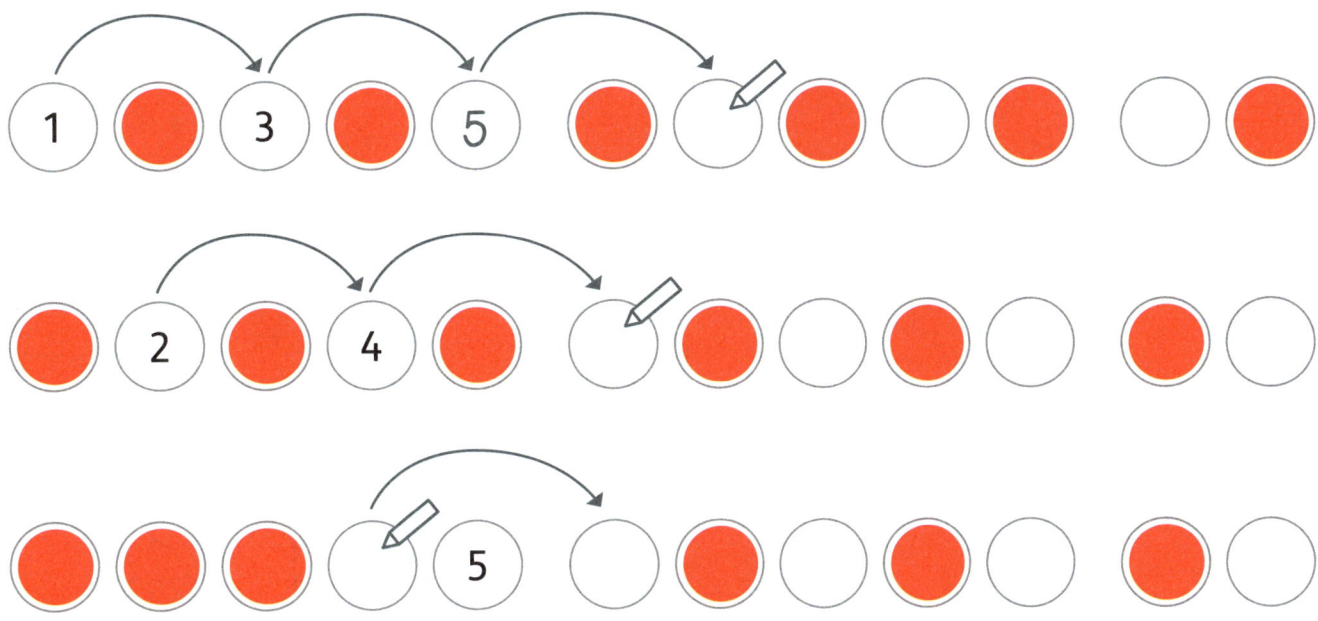

1 Vorwärts zählen von unterschiedlichen Startzahlen. **2** Rückwärts zählen. **3** Zählen in Zweierschritten.
→ Schulbuch, Seiten 46/47

33

Die Zahlenreihe

| 0 | 1 | 2 | 3 | 4 | | 6 | 7 | 8 | 9 | 10 | 11 | 12 |

5 ist der **Vor**gänger von 6.

Noah

6 ist der **Nach**folger von 5.

Anna

1 Nachfolger.

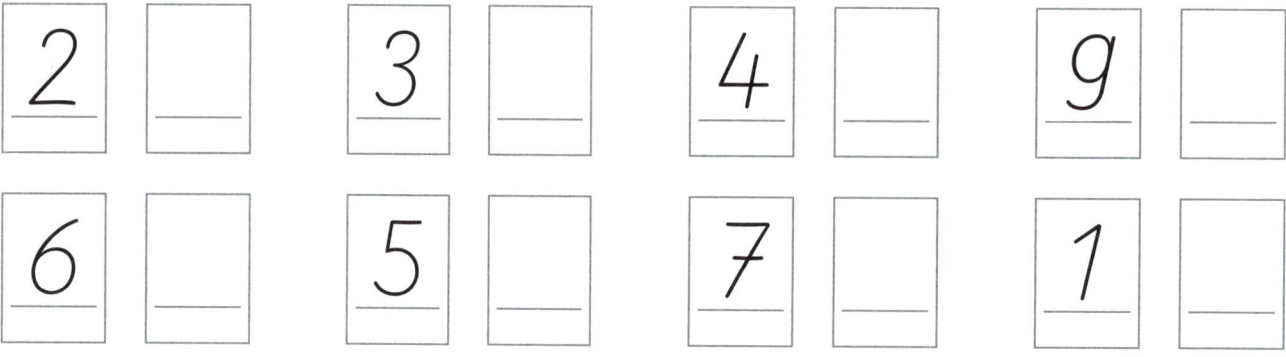

| 2 | | 3 | | 4 | | 9 | |
| 6 | | 5 | | 7 | | 1 | |

2 Vorgänger.

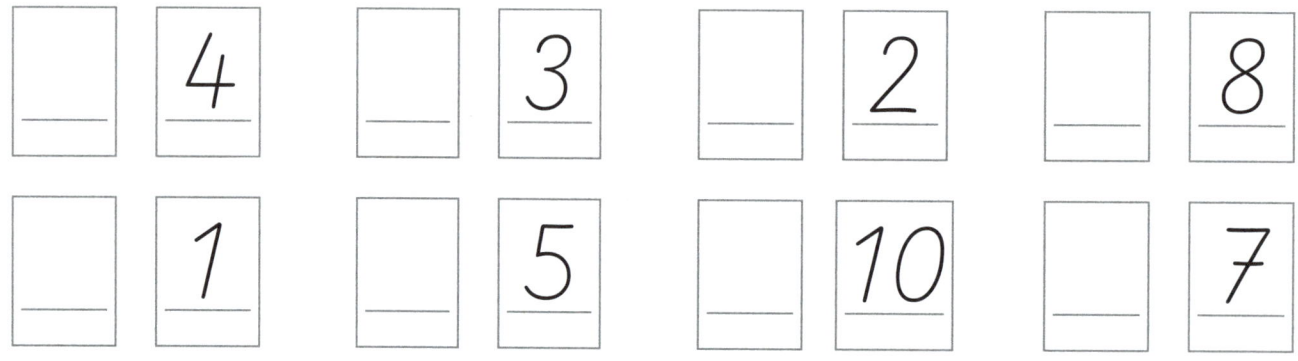

| | 4 | | 3 | | 2 | | 8 |
| | 1 | | 5 | | 10 | | 7 |

3 Finde Vorgänger und Nachfolger.

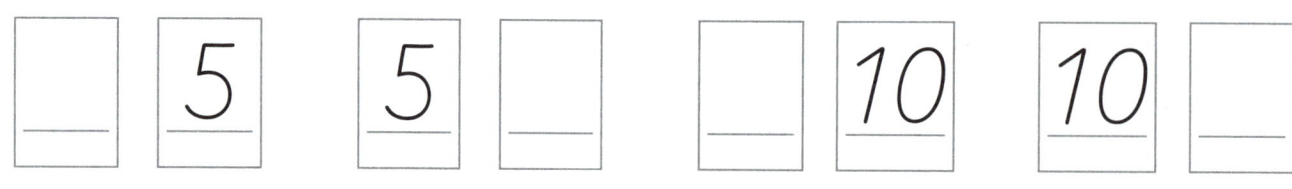

| | 5 | 5 | | | 10 | 10 | |

1 Nachfolger zu Zahlen von 0 – 10 bestimmen. **2** Vorgänger zu Zahlen von 1 – 10 bestimmen. **3** Vorgänger und Nachfolger selbst finden.

→ Schulbuch, Seiten 48/49

Die Zahlenreihe

1 Nachbarzahlen.

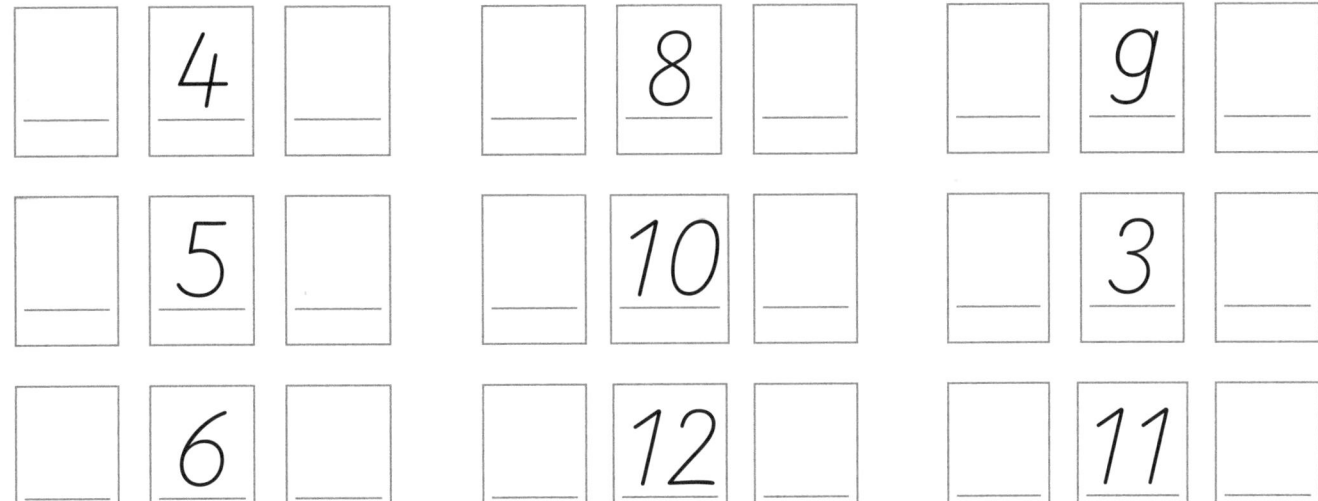

2 Welche Zahl ist dazwischen?

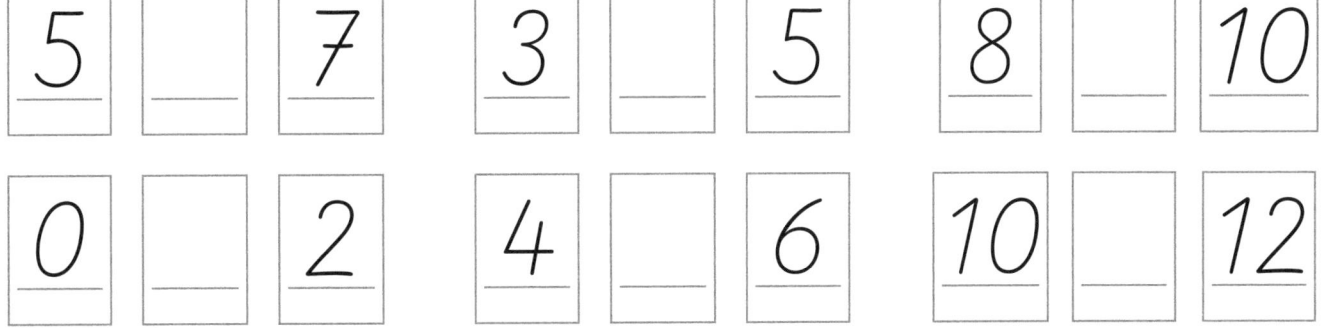

3 Finde Nachbarzahlen.

1, 2 Nachbarzahlen finden. Schwerpunkt Zahlen von 0 – 12, aber auch darüber hinaus. **3** Nachbarzahlen selbst finden.

→ Schulbuch, Seiten 48/49   → KV

35

1

1.	2.	3.		

2 Vergleiche. Was ist passiert?

1, 2 Situation nachspielen und besprechen. Ordnungszahlen eintragen.
→ Schulbuch, Seite 50

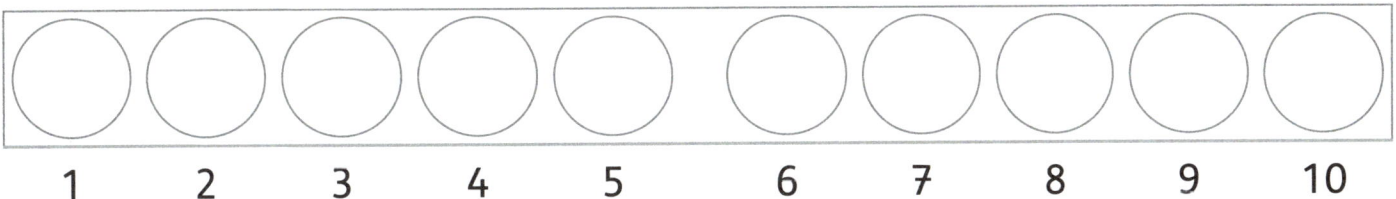

1 Zeichne. Kreuze an, wer gewinnt.

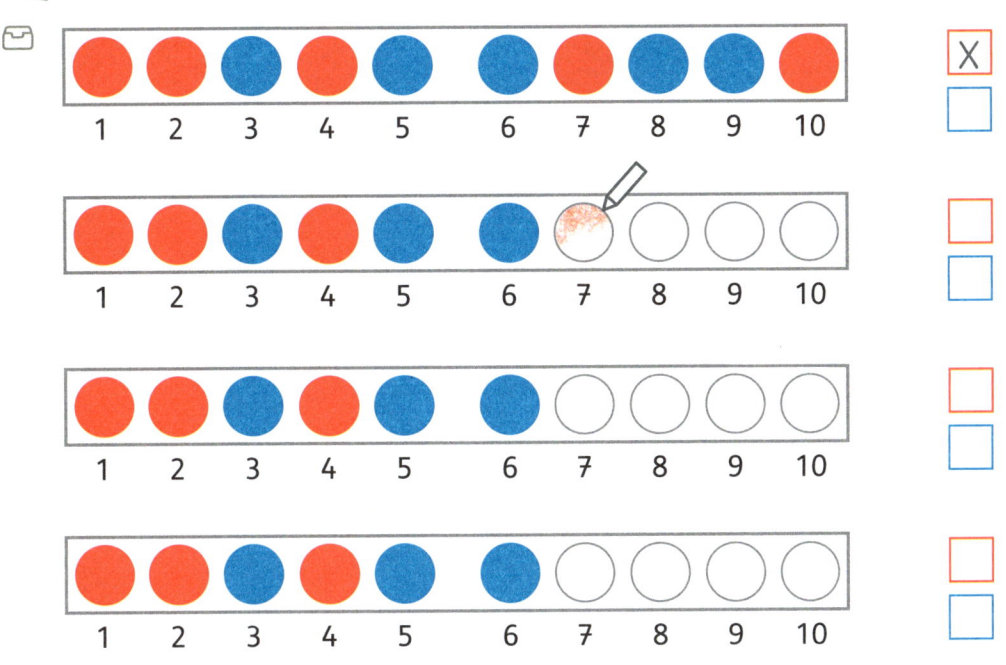

2 Zeichne.

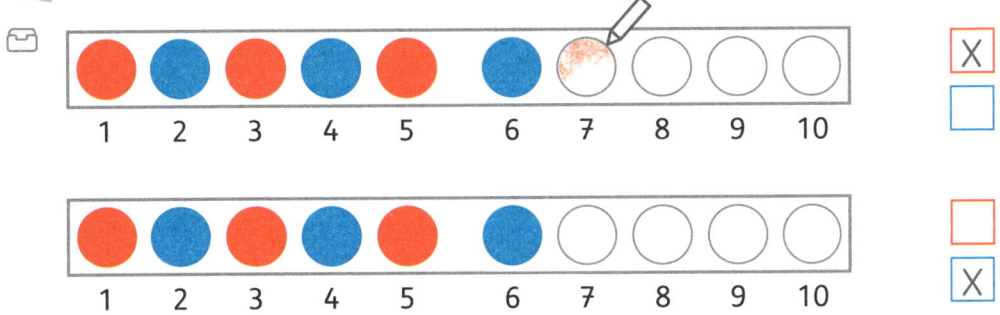

3 Blau gewinnt. Lege und zeichne.

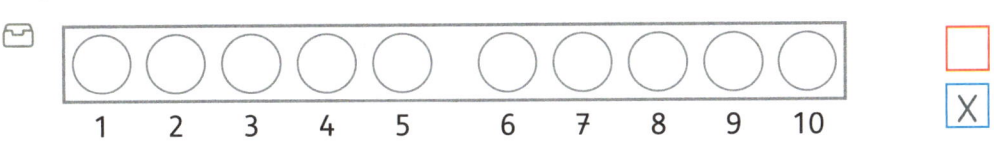

Die Plättchen können gelegt oder gezeichnet werden. **1** Mögliche Spielausgänge notieren. Ankreuzen, wer gewinnt.
2 Probieren, so dass Rot bzw. Blau gewinnt. Lösung dokumentieren. **3** Legen, so dass Blau gewinnt. Lösung dokumentieren.

→ Schulbuch, Seite 51

37

1 Zahlen bis 20.

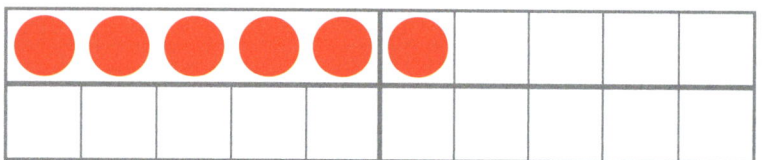

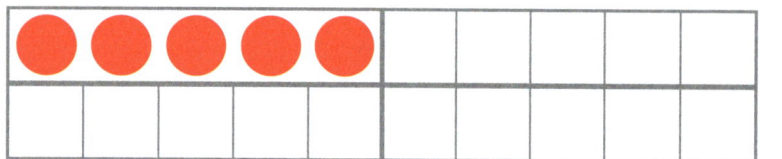

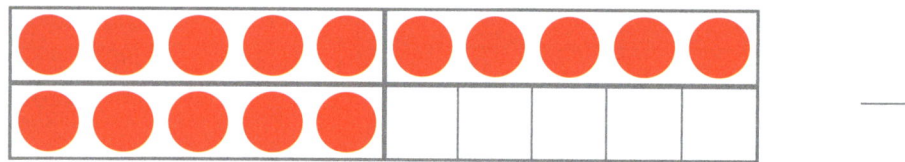

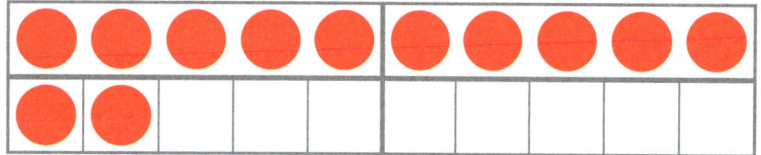

2 Welche Zahlen fehlen?

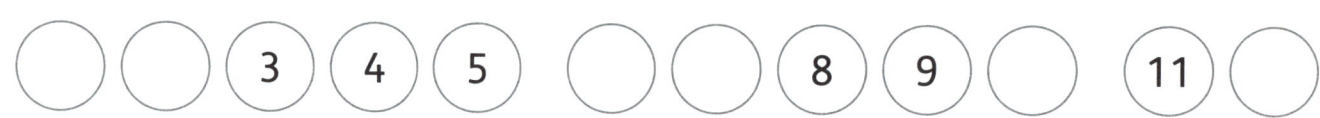

3 Nachbarzahlen.

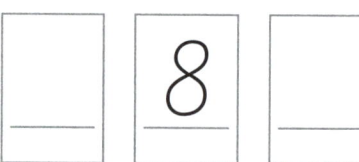

Wesentliche Inhalte des Kapitels noch einmal reflektieren, die eigenen Kompetenzen einschätzen.
→ Schulbuch, Seiten 52/53

Münzen und Scheine

1 Verbinde.

1 Euro   2 Euro   5 Euro   10 Euro

2

_____ Euro   _____ Euro   _____ Euro

 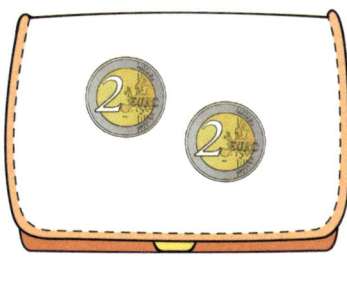 

_____ Euro   _____ Euro   _____ Euro

3 Lege und zeichne.

3 Euro   3 Euro   4 Euro   4 Euro

---

1 Münzen und Scheine erkennen und verbinden. **2** Angegebene Beträge bestimmen. **3** Geldbeträge auf zwei unterschiedliche Weisen legen und zeichnen.

→ Schulbuch, Seiten 54/55

1 Was passiert?

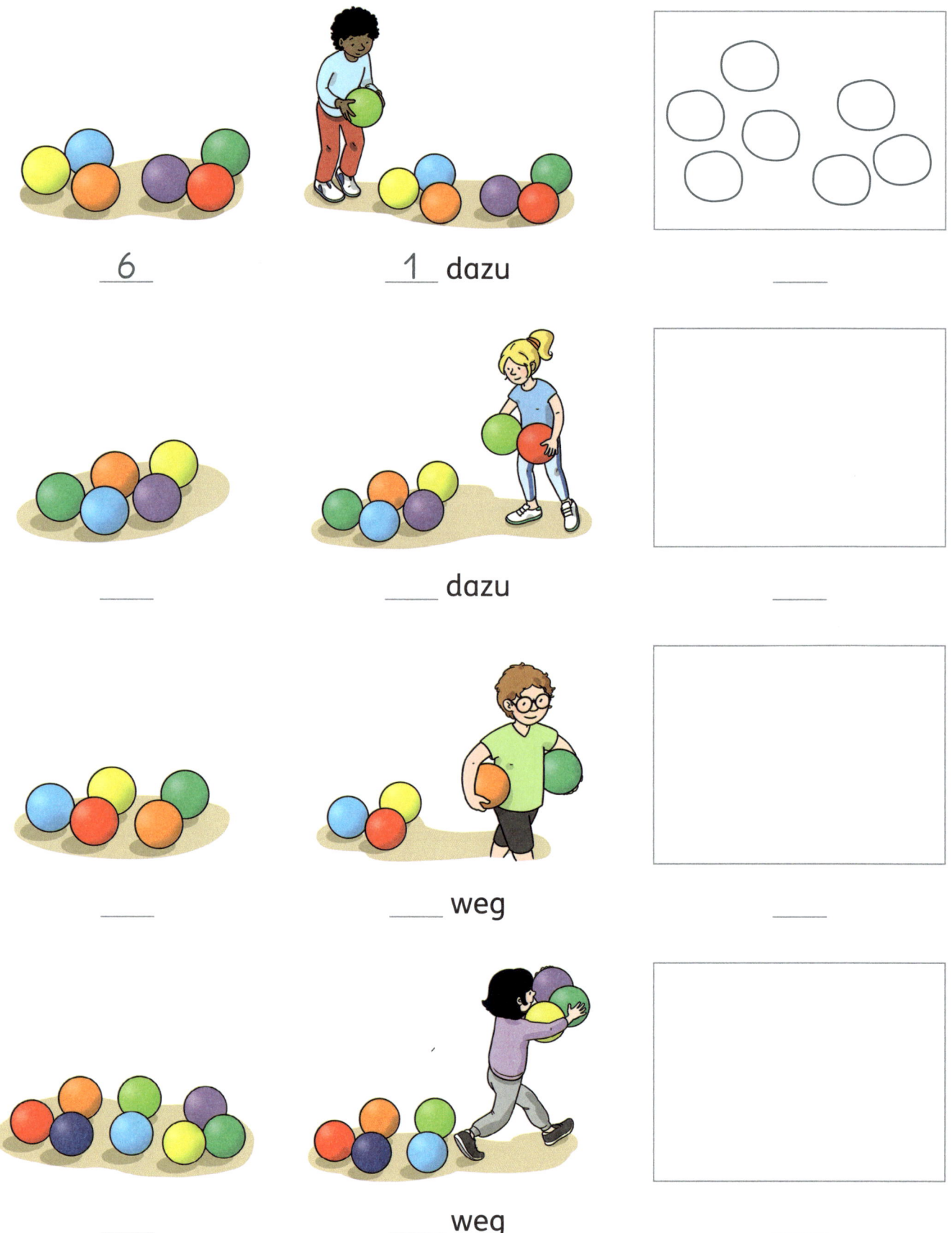

6   1 dazu   ____

____   ____ dazu   ____

____   ____ weg   ____

____   ____ weg   ____

1 Die Veränderungen der Situationen beschreiben. Gegenstände in der passenden Menge zeichnen und die Anzahl notieren.
→ Schulbuch, Seiten 56/57

Rechengeschichten

1 | Was passiert? Dazu oder weg?

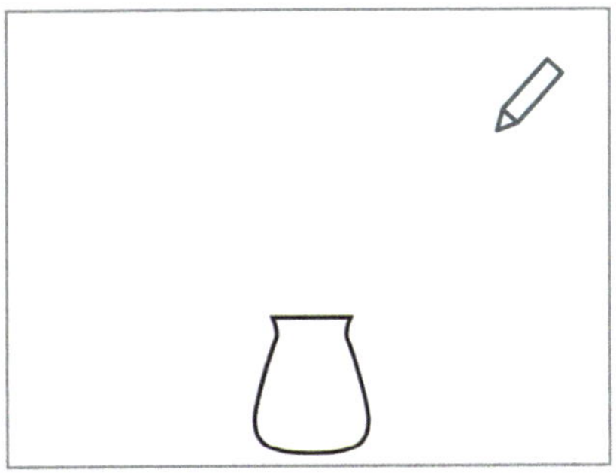

_____ 5 _____   _____ 2 dazu _____   _____

_____   _____   _____

_____   _____   _____

_____   _____   _____

1 Erkennen, in welchen Situationen die Anzahl der Gegenstände zu- bzw. abnimmt. Gegenstände in der passenden Menge
zeichnen und die Anzahl notieren.

→ Schulbuch, Seiten 56/57

1 Erzähle. Was passiert? Finde Plusaufgaben.

1 Kinder zum Erzählen über die Sachsituation anregen. Dabei auf Anzahlen eingehen, die eine Gruppe darstellen und mit einer anderen Gruppe zusammengefügt werden können. Auch unterschiedliche „Plus-Geschichten" erzählen und notieren lassen.

→ Schulbuch, Seiten 58/59

1 Welche Aufgaben passen zum Bild?

3 + 3

2 + 5

2 + 4

3 + 4

1 + 3

2 + 6

2 + 2

3 + 5

1 Passende Terme zum Bild zuordnen. Mehrere Deutungen sind möglich. Die Kinder können auch mit Stiften die gefundenen Gruppen einkreisen und die Zahlen entsprechend farblich markieren.

→ Schulbuch, Seiten 58/59

1 Erzähle. Was passiert? Finde Plusaufgaben.

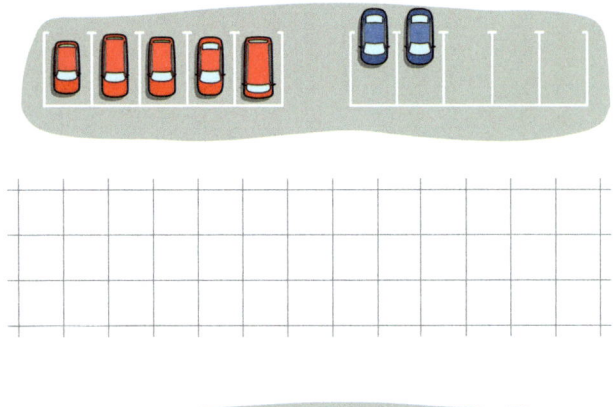 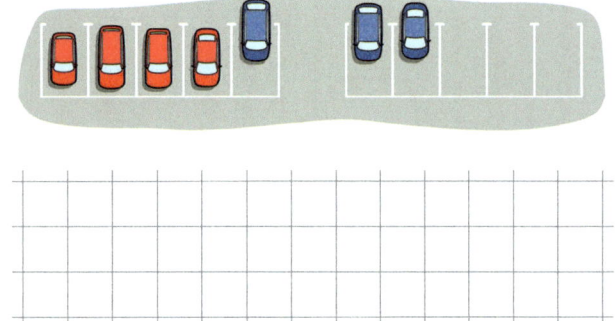

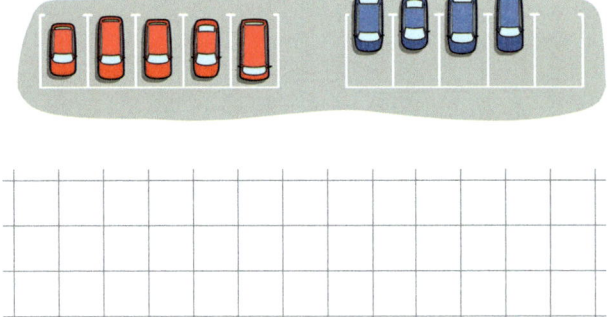 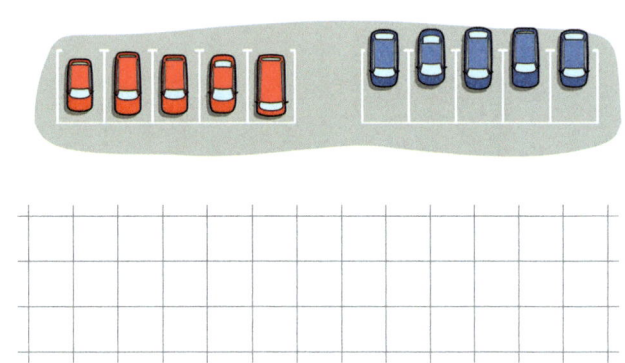

2 Welche Aufgabe passt zum Bild? Verbinde und rechne.

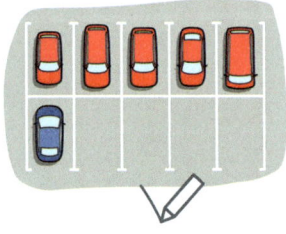  

| 5 + 2 = ___ | 5 + 1 = ___ | 5 + 3 = ___ |
| 2 + 2 = ___ | 4 + 4 = ___ | 3 + 3 = ___ |

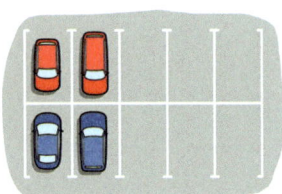  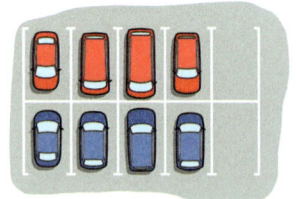

1, 2 Parkplatzsituationen nachspielen und beschreiben. Plusaufgaben dazu finden und berechnen.
→ Schulbuch, Seiten 60/61

Plusaufgaben am Zehnerfeld

1

___ + ___ = ___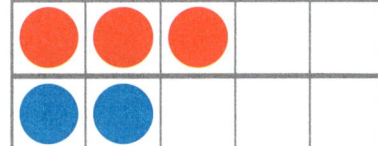

___ + ___ = ___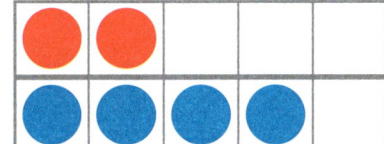

___ + ___ = ___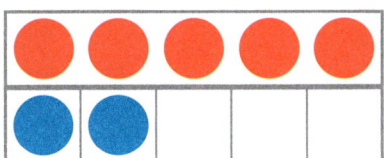

___ + ___ = ___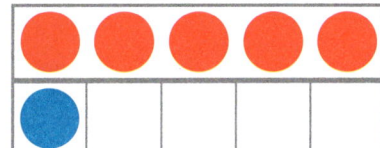

___ + ___ = ___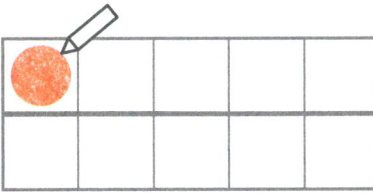

___ + ___ = ___

___ + ___ = ___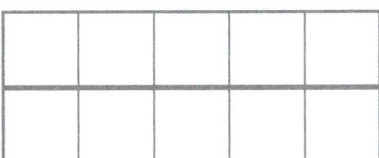

___ + ___ = ___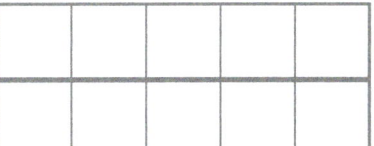

2

1 + 3 = ___

2 + 4 = ___

3 + 3 = ___

5 + 3 = ___

1, 2 Plusaufgaben im Zehnerfeld erkennen, nachlegen, darstellen und rechnen.

→ Schulbuch, Seiten 62/63   → KV

45

1 Finde Aufgabe und Tauschaufgabe.

$\underline{4} + \underline{1} = \underline{5}$ 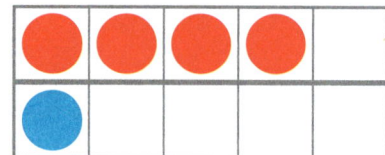 $\underline{1} + \underline{4} = \underline{5}$

___ + ___ = ___ 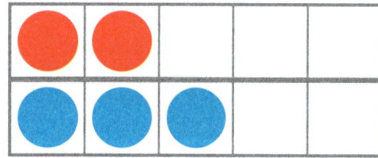 ___ + ___ = ___

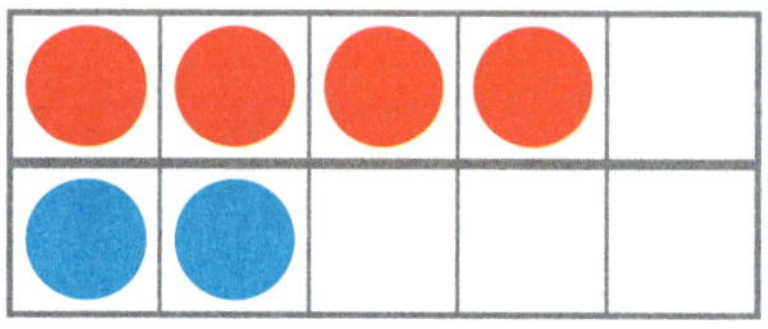

___ + ___ = ___ 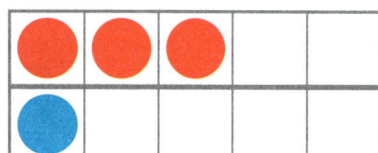 ___ + ___ = ___

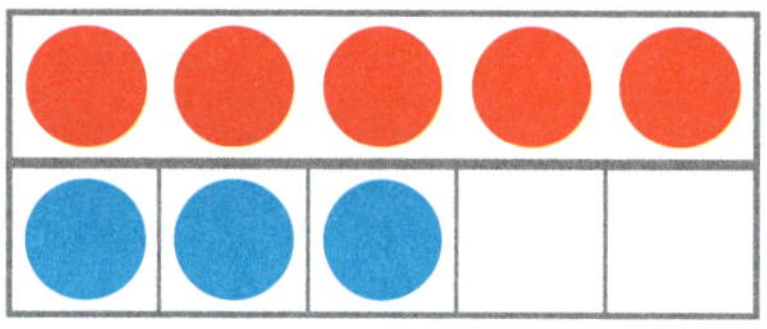

___ + ___ = ___ 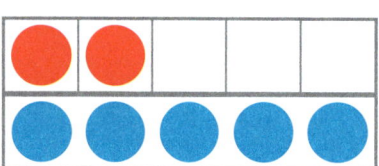 ___ + ___ = ___

___ + ___ = ___ ___ + ___ = ___

___ + ___ = ___ ___ + ___ = ___

1 Bezeichnung Tauschaufgabe verwenden. Aufgabe und Tauschaufgabe wie in den Bildern legen und entsprechend notieren. Anschließend zu einem Bild beide Aufgaben finden.

→ Schulbuch, Seiten 62/63   → KV

Verdoppeln

1 Verdoppeln.

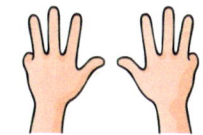

4 + 4 = _____

_____ + _____ = _____

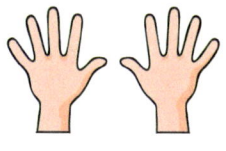

_____ + _____ = _____

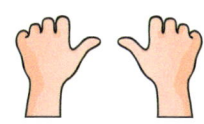

_____ + _____ = _____

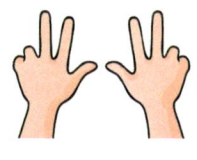

_____ + _____ = _____

_____ + _____ = _____

2

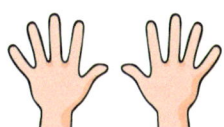

_____ + _____ = _____

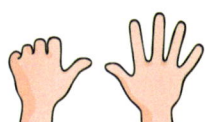

_____ + _____ = _____

3 Lege, zeichne und rechne  doppelt .

2 + 2 = _____

4 + 4 = _____

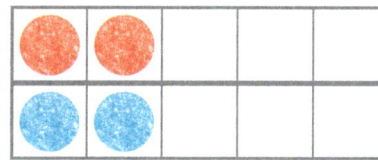

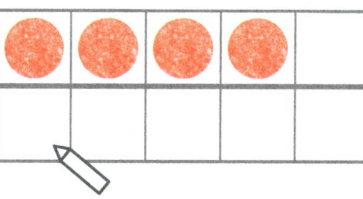

3 + 3 = _____

_____ + _____ = _____

_____ + _____ = _____

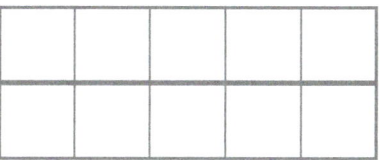

1, 2 Fingerbilder nachstellen. Verdopplungsaufgaben lösen.   **3** Verdopplungsaufgaben legen und vervollständigen, Verdopplungsaufgaben erfinden.

→ Schulbuch, Seiten 64/65   → KV

47

Einfache Plusaufgaben

1 Lege, zeichne und rechne  mit 1 .

Eva

3 + 1 = ____

4 + 1 = ____

5 + 1 = ____

____ + 1 = ____

____ + ____ = ____

2 Lege, zeichne und rechne mit 1 .

5 + 1 = ____

3 + 1 = ____

____ + 1 = ____

____ + 1 = ____

3 Rechne.

5 + 1 = ____   1 + 7 = ____   9 + 1 = ____   1 + 4 = ____

6 + 1 = ____   1 + 8 = ____   0 + 1 = ____   1 + 3 = ____

1, 2 Einfache Plusaufgaben *mit 1* rechnen. „+1" als Bestimmung des Nachfolgers („Weiterzählen um eins" oder „eins mehr") erkennen. **3** Aufgaben mit „+ 1" üben, Aufgaben *mit 1* als erster Summand als Tauschaufgabe von „+ 1" erkennen und entsprechend nutzen.

→ Schulbuch, Seiten 66/67   → KV

Einfache Plusaufgaben

1 Lege, zeichne und rechne `mit 10`.

10 + 1 = ____

10 + 5 = ____

10 + 10 = ____

2 Lege, zeichne und rechne `mit 5`.

2 + 5 = ____

Eva

1 + 5 = ____

4 + 5 = ____

3 + 5 = ____

5 + 5 = ____

3
10 + 2 = ____	10 + 5 = ____	5 + 2 = ____	5 + 4 = ____
1 + 10 = ____	10 + 10 = ____	3 + 5 = ____	5 + 5 = ____

1, 2 Einfache Plusaufgaben *mit 10* und *mit 5* legen, darstellen und rechnen. Aufgaben immer mit Zehner- und Fünferstreifen legen, um zu erkennen, dass nur ein Zehner/Fünfer dazu kommt bzw. zu einem Zehner/Fünfer etwas dazu gelegt wird.
3 Verschiedene Aufgaben *mit 10* und *mit 5* üben.

→ Schulbuch, Seiten 66/67   → KV

49

Einfache Plusaufgaben

1 Lege, zeichne und rechne = 5 .

$2 + \underline{\ 3\ } = 5$ 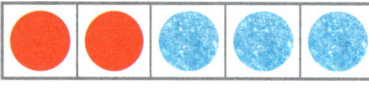 $1 + \underline{\ \ \ } = 5$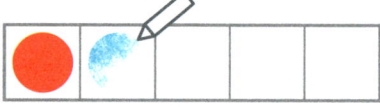

$4 + \underline{\ \ \ } = 5$ 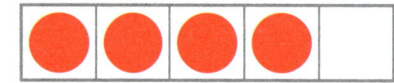 $0 + \underline{\ \ \ } = 5$

$3 + \underline{\ \ \ } = 5$  $5 + \underline{\ \ \ } = 5$

2 Lege, zeichne und rechne = 10 .

$7 + \underline{\ 3\ } = 10$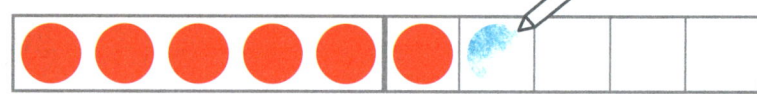

$6 + \underline{\ \ \ } = 10$

$4 + \underline{\ \ \ } = 10$

$5 + \underline{\ \ \ } = 10$

$1 + \underline{\ \ \ } = 10$

$0 + \underline{\ \ \ } = 10$

3 Rechne.

$2 + \underline{\ \ \ } = 5$ $\underline{\ \ \ } + 1 = 5$ $2 + \underline{\ \ \ } = 10$ $\underline{\ \ \ } + 5 = 10$

$3 + \underline{\ \ \ } = 5$ $\underline{\ \ \ } + 3 = 5$ $3 + \underline{\ \ \ } = 10$ $\underline{\ \ \ } + 7 = 10$

$4 + \underline{\ \ \ } = 5$ $\underline{\ \ \ } + 5 = 5$ $4 + \underline{\ \ \ } = 10$ $\underline{\ \ \ } + 9 = 10$

1, 2 Einfache Aufgaben = 10 und = 5 rechnen und unterscheiden. Die Zerlegungen der 5 und der 10 am Fünfer- und Zehnerfeld darstellen, erkunden und die Bedeutung des Rechnens mit der Kraft der 5 herausstellen. **3** Verschiedene Aufgaben = 5 und = 10 üben.

→ Schulbuch, Seiten 68/69   → KV

Einfache Plusaufgaben

1 ◇ = 5   ◇ = 10

2 + _3_ = 5   ___ + 4 = 5   7 + ___ = 10   ___ + 8 = 10

1 + ___ = 5   ___ + 3 = 5   6 + ___ = 10   ___ + 1 = 10

4 + ___ = 5   ___ + 5 = 5   9 + ___ = 10   ___ + 4 = 10

5 + ___ = 5   ___ + 1 = 5   2 + ___ = 10   ___ + 10 = 10

2 ◇ mit 5   ◇ mit 10

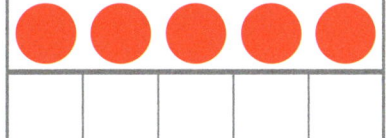

5 + 2 = ___   5 + ___ = 6   10 + 1 = ___   10 + ___ = 12

5 + 1 = ___   5 + ___ = 8   10 + 5 = ___   10 + ___ = 11

4 + 5 = ___   5 + ___ = 10   2 + 10 = ___   10 + ___ = 15

0 + 5 = ___   5 + ___ = 7   0 + 10 = ___   10 + ___ = 20

3 ◇ mit 1   ◇ doppelt

6 + 1 = ___   1 + ___ = 4   2 + 2 = ___   3 + 3 = ___

2 + 1 = ___   1 + ___ = 8   4 + 4 = ___   0 + 0 = ___

8 + 1 = ___   1 + ___ = 5   5 + 5 = ___

5 + 1 = ___   1 + ___ = 1   1 + 1 = ___

1–3 Einfache Aufgaben rechnen.

→ Schulbuch, Seiten 68/69

Einfache Plusaufgaben

1 Ordne und rechne einfache Aufgaben.

~~5 + 3~~	10 + 1	3 + 3	4 + 4	2 + 10	2 + 5

3 + 7	9 + 1	1 + 5	10 + 10	8 + 2	1 + 1

mit 5   mit 10   = 10   doppelt

$5 + 3 = 8$ _____   _____   _____

_____   _____   _____   _____

_____   _____   _____   _____

2 Rechne.

= 5   und   = 10

$2 + \underline{\quad} = 5$	$2 + \underline{\quad} = 10$	$\underline{\quad} + 0 = 5$	$\underline{\quad} + 0 = 10$
$3 + \underline{\quad} = 5$	$3 + \underline{\quad} = 10$	$\underline{\quad} + 4 = 5$	$\underline{\quad} + 4 = 10$
$1 + \underline{\quad} = 5$	$1 + \underline{\quad} = 10$	$\underline{\quad} + 2 = 5$	$\underline{\quad} + 2 = 10$

mit 5   und   mit 10

$5 + 1 = \underline{\quad}$	$10 + 1 = \underline{\quad}$	$2 + 5 = \underline{\quad}$	$2 + 10 = \underline{\quad}$
$5 + 2 = \underline{\quad}$	$10 + 2 = \underline{\quad}$	$0 + 5 = \underline{\quad}$	$0 + 10 = \underline{\quad}$
$5 + 5 = \underline{\quad}$	$10 + 5 = \underline{\quad}$	$10 + 5 = \underline{\quad}$	$10 + 10 = \underline{\quad}$

mit 1   und   doppelt

$3 + 1 = \underline{\quad}$	$3 + 3 = \underline{\quad}$	$1 + 4 = \underline{\quad}$	$4 + 4 = \underline{\quad}$
$5 + 1 = \underline{\quad}$	$5 + 5 = \underline{\quad}$	$1 + 10 = \underline{\quad}$	$10 + 10 = \underline{\quad}$
$2 + 1 = \underline{\quad}$	$2 + 2 = \underline{\quad}$	$1 + 0 = \underline{\quad}$	$0 + 0 = \underline{\quad}$

1 Einfache Aufgaben unterscheiden, zuordnen und rechnen.   2 Einfache Aufgaben schnell rechnen (und vergleichen).
→ Schulbuch, Seiten 70/71

Schwierige Plusaufgaben

1 Nachbaraufgaben .

$\overline{7 + 1}$ = 8

7 + 2 = ____

$\overline{4 + 1}$ = 5

4 + 2 = ____

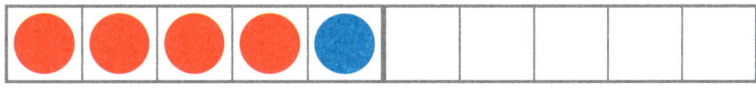

$\overline{8 + 1}$ = 9

8 + 2 = ____

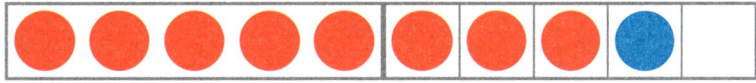

2 Zeichne und rechne erst die einfache Aufgabe 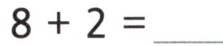 .
Rechne dann die Nachbaraufgabe.

$\overline{6 + 1}$ = $\overline{7}$

6 + 2 = ____

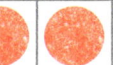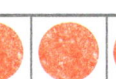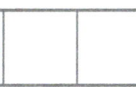

$\overline{3 + 1}$ = ____

3 + 2 = ____

$\overline{5 + 1}$ = ____

5 + 2 = ____

3 Rechne erst die einfache Aufgabe. Markiere 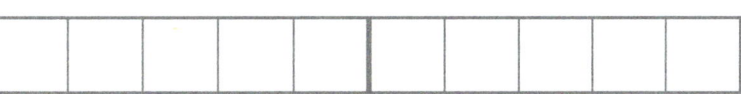 .

1 + 5 = ____   1 + 4 = ____   1 + $\overline{7}$ = ____   1 + 9 = ____

2 + 5 = ____   2 + 4 = ____   2 + $\overline{7}$ = ____   2 + 9 = ____

1–3 Einfache Aufgaben in Beziehung zu den Nachbaraufgaben setzen. Besprechen, wie die schwierige Aufgabe aus der einfachen hergeleitet werden kann. **1** Ggf. 1 Plättchen hinzuzeichnen. **2** Einfache Aufgabe zeichnen und ggf. zu schwierigen Aufgaben erweitern. **3** Schwierige Aufgaben mit einfachen Aufgaben rechnen.

→ Schulbuch, Seiten 72/73   → KV

Schwierige Plusaufgaben

1 Zeichne und rechne erst die einfache Aufgabe 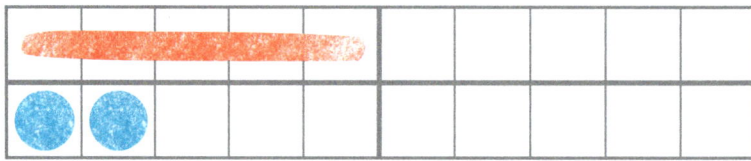 mit 5 .
Rechne dann die Nachbaraufgabe.

5 + 2 = 7
6 + 2 = ____

5 + 4 = ____
6 + 4 = ____

5 + 3 = ____
6 + 3 = ____

2 Nachbaraufgaben mit 5 . Immer 1 weniger.

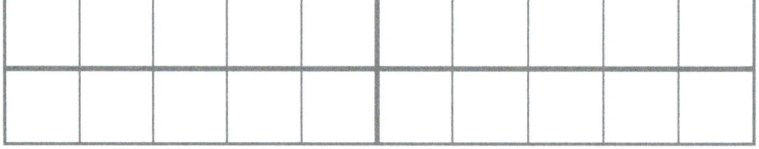

5 + 2 = 7
4 + 2 = ____

5 + 3 = 8
4 + 3 = ____

3 Rechne erst die einfache Aufgabe. Markiere mit 5 .

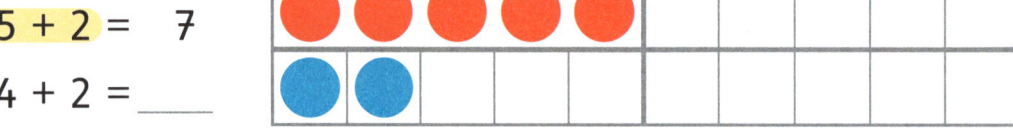

| 2 + 5 = ____ | 5 + 3 = ____ | 3 + 5 = ____ | 2 + 5 = ____ |
| 2 + 6 = ____ | 5 + 4 = ____ | 3 + 4 = ____ | 2 + 4 = ____ |

1–3 Einfache Aufgaben in Beziehung zu den Nachbaraufgaben setzen. Besprechen, wie die schwierige Aufgabe aus der einfachen hergeleitet werden kann. **1** Einfache Aufgabe zeichnen und ggf. 1 Plättchen hinzuzeichnen. **2** Einfache Aufgabe erst rechnen, ggf. 1 Plättchen abdecken oder durchstreichen. **3** Schwierige Aufgaben mit einfachen Aufgaben rechnen.

→ Schulbuch, Seiten 72/73   → KV

Schwierige Plusaufgaben

1 Zeichne und rechne erst die einfache Aufgabe 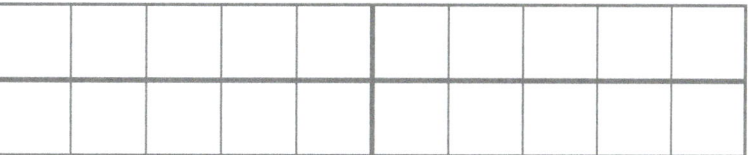 = 10 .
Rechne dann die Nachbaraufgabe.

4 + 6 = 10
4 + 7 = ____

8 + 2 = ____
8 + 3 = ____

6 + 4 = ____
6 + 5 = ____

2 Nachbaraufgaben = 10 . Immer 1 weniger.

4 + 6 = 10
4 + 5 = ____

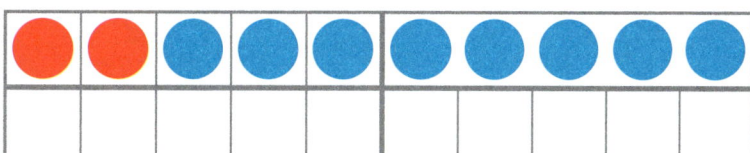

2 + 8 = 10
2 + 7 = ____

3 Rechne erst die einfache Aufgabe. Markiere = 10 .

7 + 3 = ____   2 + 8 = ____   4 + 6 = ____   3 + 7 = ____

7 + 4 = ____   3 + 8 = ____   3 + 6 = ____   2 + 7 = ____

1–3 Einfache Aufgaben in Beziehung zu den Nachbaraufgaben setzen. Besprechen, wie die schwierige Aufgabe aus der einfachen hergeleitet werden kann. **1** Einfache Aufgabe zeichnen und ggf. 1 Plättchen hinzuzeichnen. **2** Einfache Aufgabe erst rechnen, ggf. 1 Plättchen abdecken oder durchstreichen. **3** Schwierige Aufgaben mit einfachen Aufgaben rechnen.

→ Schulbuch, Seiten 72/73   → KV

1 Immer 2 mehr. Lege und rechne.

3 + 1 = ____
3 + 3 = ____
3 + 5 = ____
3 + 7 = ____

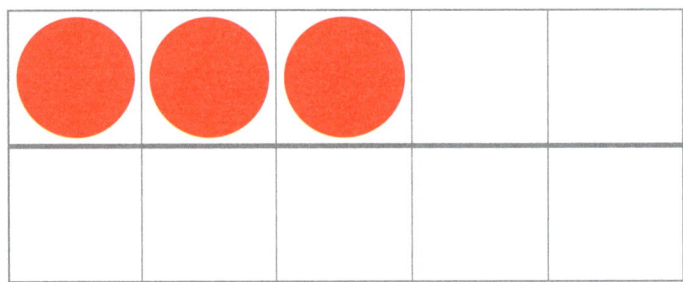

2 Zeichne und rechne. Setze fort.

2 + 1 = ____

2 + 3 = ____

2 + 5 = ____

2 + ⎵ = ____

3 Lege und rechne. Setze fort.

1 + 2 = ____	2 + 2 = ____	1 + 2 = ____	5 + 5 = ____
3 + 2 = ____	2 + 3 = ____	1 + 4 = ____	4 + 5 = ____
5 + 2 = ____	2 + 4 = ____	1 + 6 = ____	3 + 5 = ____
___ + 2 = ____	2 + ⎵ = ____	_____	_____

4 Lege und rechne.

1 + 2 = ____	3 + 7 = ____	0 + 10 = ____	3 + 1 = ____
2 + 3 = ____	4 + 6 = ____	2 + 8 = ____	4 + 2 = ____
3 + 4 = ____	5 + 5 = ____	4 + 6 = ____	5 + 3 = ____

1 Aufgabenserie weiter legen. 2 Zusammenhänge an den Bildern und den Aufgaben erkennen und beschreiben.
3, 4 Operative Päckchen rechnen. Zusammenhänge erkennen und nutzen (bei Nr. 3 immer 1 Summand verändert/bei Nr. 4 immer beide Summanden verändert).

→ Schulbuch, Seite 75

1 Finde Plusaufgaben zum Bild.

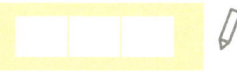

2 Finde Plusaufgaben am Zehnerfeld.

_____ + _____ = _____

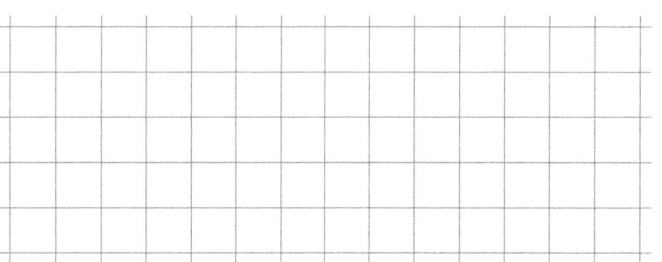

_____ + _____ = _____

3 Rechne einfache Aufgaben.

= 5	= 10	mit 5	doppelt
4 + ____ = 5	7 + ____ = 10	5 + 4 = ____	2 + 2 = ____
2 + ____ = 5	4 + ____ = 10	3 + 5 = ____	4 + 4 = ____

4 Mit Nachbaraufgaben rechnen.

1 + 6 = ____	5 + 3 = ____	6 + 4 = ____	8 + 2 = ____
2 + 6 = ____	6 + 3 = ____	6 + 5 = ____	8 + 3 = ____

5 Mit Münzen und Scheinen rechnen.

____ Euro

____ Euro

____ Euro

Wesentliche Inhalte des Kapitels noch einmal reflektieren, die eigenen Kompetenzen einschätzen.

→ Schulbuch, Seiten 76/77

57

1 Erzähle. Was passiert? Finde Minusaufgaben.

_____

_____

_____

_____

_____

_____

_____

_____

1 Kinder zum Erzählen über die Sachsituation anregen. Dabei auf Anzahlen eingehen, die Teile einer gesamten Menge sind. Unterschiedliche „Minus-Geschichten" erzählen und notieren lassen.

→ Schulbuch, Seiten 82/83

Minusaufgaben in der Umwelt

1 Welche Aufgaben passen zum Bild?

7 – 2

3 – 1

5 – 2

8 – 3

10 – 5

6 – 2

4 – 3

3 – 2

1 Passende Terme zum Bild zuordnen. Mehrere Deutungen sind möglich. Die Kinder können auch mit Stiften die gefundenen
Gruppen einkreisen und die Zahlen entsprechend farblich markieren.

→ Schulbuch, Seiten 82/83

Minusaufgaben am Zehnerfeld

1

10 − 3 = ____

10 − 1 = ____

10 − ____ = ____

5 − ____ = ____

____ − ____ = ____

____ − ____ = ____

2

5 − 2 = ____

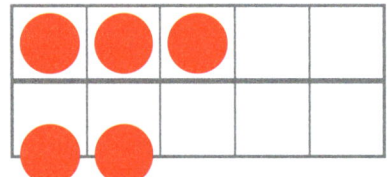

6 − ____ = ____

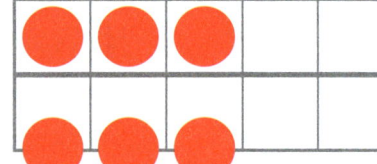

____ − ____ = ____

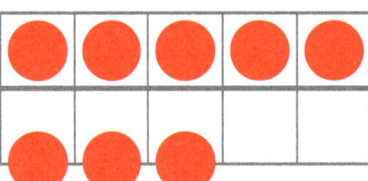

____ − ____ = ____

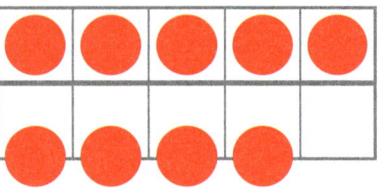

1, 2 Minusaufgaben (Wegnehmen) im Zehnerfeld erkennen, darstellen und rechnen. Eventuell Aufgaben selbst legen und Plättchen wegnehmen.

→ Schulbuch, Seiten 84/85   → KV

Minusaufgaben am Zehnerfeld

1

8 − 3 = ____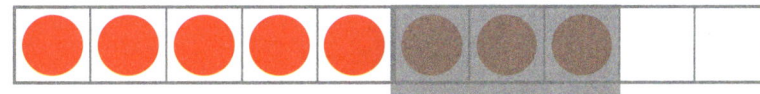

8 − 5 = ____

6 − ___ = ___

6 − ___ = ___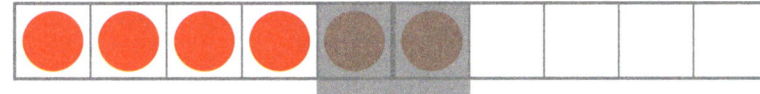

___ − ___ = ___

___ − ___ = ___

2

4 − 2 = ____ 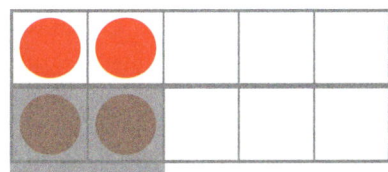   7 − ___ = ____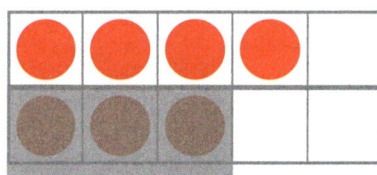

___ − ___ = ___ 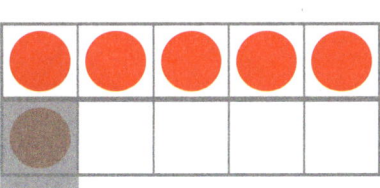   ___ − ___ = ___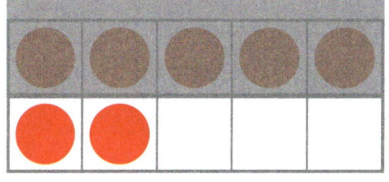

1, 2 Minusaufgaben (Abdecken) im Zehnerfeld erkennen, darstellen und rechnen. Eventuell Aufgaben selbst legen und Plättchen abdecken.

→ Schulbuch, Seiten 84/85   → KV

Einfache Minusaufgaben

1 Einfach legen – einfach rechnen $\langle 5 \rangle$.

5 – 2 = ____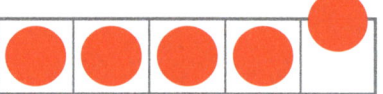

5 – 1 = ____

5 – ____ = ____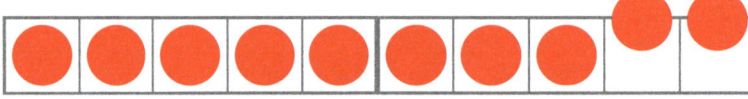

____ – ____ = ____

2 Einfach legen – einfach rechnen $\langle 10 \rangle$.

10 – 2 = ____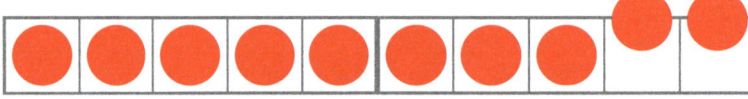

10 – 5 = ____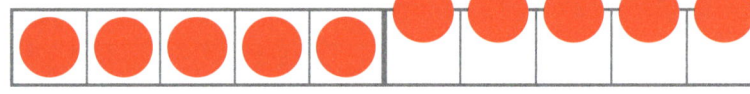

10 – ____ = ____

____ – ____ = ____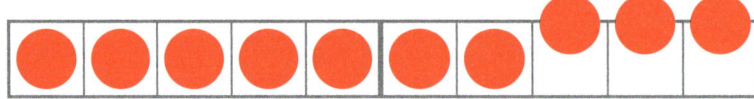

____ – ____ = ____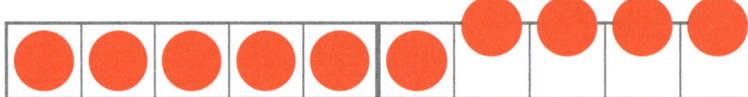

3 Rechne.

5 – 3 = ____	10 – 3 = ____	10 – 4 = ____	10 – 8 = ____
5 – 2 = ____	10 – 7 = ____	10 – 6 = ____	10 – 2 = ____

1, 2 Einfache Minusaufgaben mit Minuenden 5 und 10 rechnen. An Zerlegungen der 5 und 10 erinnern. Aufgaben ins Fünfer-
bzw. Zehnerfeld legen.   **3** Einfache Aufgaben 5 und 10 sichern.

→ Schulbuch, Seiten 86/87   → KV

Einfache Minusaufgaben

1 Zeichne und rechne $\langle 5 \rangle$.

$5 - 4 =$ ____ 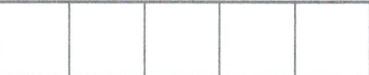 $5 - 2 =$ ____

$5 - 1 =$ ____ $5 -$ ___ $=$ ____

2 Zeichne und rechne $\langle 10 \rangle$.

$10 - 4 =$ ____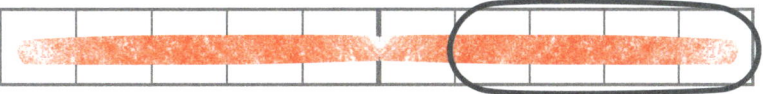

$10 - 1 =$ ____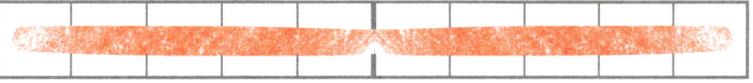

$10 - 7 =$ ____

$10 -$ ___ $=$ ____

3 Rechne.

$5 - 1 =$ ___	$5 - 5 =$ ___	$10 - 2 =$ ___	$10 - 1 =$ ___
$5 - 2 =$ ___	$5 - 0 =$ ___	$10 - 4 =$ ___	$10 - 9 =$ ___
$5 - 3 =$ ___	$10 - 5 =$ ___	$10 - 6 =$ ___	$10 - 7 =$ ___
$5 - 4 =$ ___	$10 - 10 =$ ___	$10 - 8 =$ ___	$10 - 3 =$ ___

1, 2 Einfache Minusaufgaben mit Minuenden 5 und 10 zeichnen und rechnen. An Zerlegungen der 5 und 10 erinnern.
3 Einfache Minusaufgaben üben.

→ Schulbuch, Seiten 86/87   → KV

63

Einfache Minusaufgaben

1 Einfach legen – einfach rechnen ⟨ 1 ⟩.

4 – 1 = ___

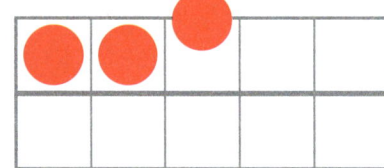

Lena

3 – 1 = ___

9 – 1 = ___

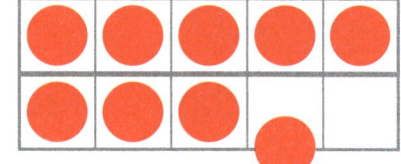

7 – 1 = ___

6 – 1 = ___   8 – 1 = ___

1 – 1 = ___   10 – 1 = ___

2 Einfach legen – einfach rechnen ⟨ 1 ⟩.

6 – ___ = 1

5 – ___ = 1

___ – ___ = 1

10 – 9 = ___   3 – 2 = ___   8 – ___ = 1   4 – ___ = 1

9 – 8 = ___   7 – 6 = ___   6 – ___ = 1   5 – ___ = 1

1, 2 Aufgaben erst legen. **1** „– 1" als Zurückzählen um 1 erkennen bzw. das Ergebnis als Nachbarzahl erfassen. An die einfache Aufgabe „+ 1" erinnern, die die Umkehraufgabe darstellt. **2** Einfache Minusaufgaben mit der Differenz 1 durch Abdecken schnell rechnen. Bedeutung der Nachbarzahlen herausstellen.

→ Schulbuch, Seiten 88/89   → KV

Einfache Minusaufgaben

1 Einfach legen – einfach rechnen ⬦ 5 .

7 − 5 = ____ 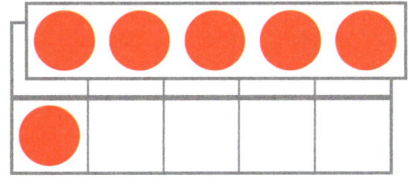   8 − 5 = ____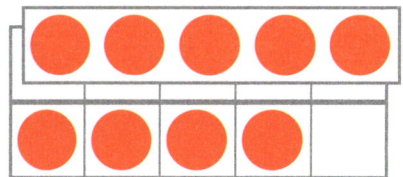

6 − 5 = ____   9 − 5 = ____

2 Einfach legen – einfach rechnen ⬦ halb .

4 − 2 = ____ 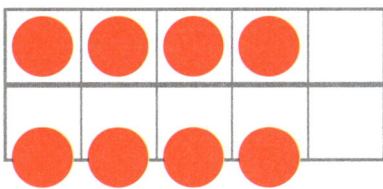   6 − __ = ____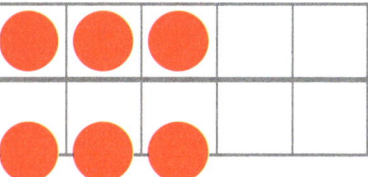

____ − __ = ____   ____ − __ = ____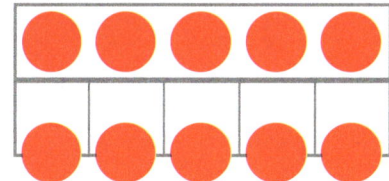

3 Rechne.

7 − 5 = ____	9 − 5 = ____	5 − 5 = ____	8 − 4 = ____
6 − 5 = ____	8 − 5 = ____	10 − 5 = ____	6 − 3 = ____
____ − 5 = 1	____ − 5 = 4	____ − 5 = 3	____ − 2 = 2
____ − 5 = 2	____ − 5 = 5	____ − 5 = 0	____ − 1 = 2
6 − ____ = 3	8 − ____ = 4	10 − ____ = 5	4 − ____ = 2
6 − ____ = 1	8 − ____ = 3	5 − ____ = 0	7 − ____ = 2

1, 2 Aufgaben erst legen und dann wegnehmen. **1** Einfache Minusaufgaben mit Subtrahenden 5 rechnen und Bedeutung des Rechnens mit der Kraft der 5 herausstellen. **2** Einfache Halbierungsaufgaben rechnen. An Verdopplungsaufgaben erinnern. **3** Einfache Minusaufgaben üben.

→ Schulbuch, Seiten 88/89   → KV

1 Einfach legen – einfach rechnen ⬦ 5 .

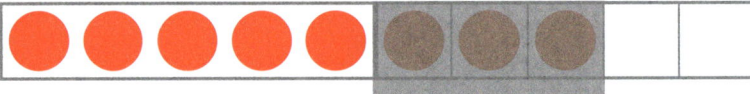

8 – ____ = 5

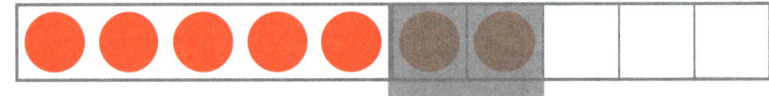

7 – ____ = 5

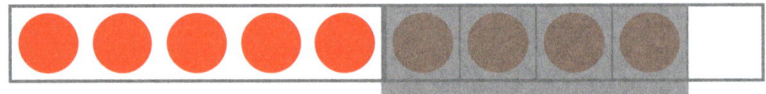

____ – ____ = 5

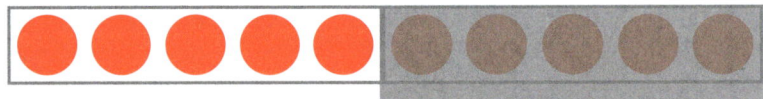

____ – ____ = 5

6 – ____ = 5	9 – ____ = 5	5 – ____ = 5
7 – ____ = 5	8 – ____ = 5	10 – ____ = 5

2 Einfache Aufgaben.

6 – 5 = ____	3 – 1 = ____	6 – ____ = 1
9 – 5 = ____	6 – 1 = ____	9 – ____ = 1
8 – 5 = ____	4 – 1 = ____	8 – ____ = 1
7 – 5 = ____	8 – 1 = ____	7 – ____ = 1
5 – 3 = ____	10 – 3 = ____	12 – ____ = 10
5 – 1 = ____	10 – 4 = ____	15 – ____ = 10
5 – 2 = ____	10 – 5 = ____	11 – ____ = 10
5 – 5 = ____	10 – 9 = ____	20 – ____ = 10

1 Einfache Minusaufgaben mit der Differenz 5 rechnen. Bedeutung des Rechnens mit der Kraft der 5 herausstellen. Aufgaben erst legen und dann abdecken. **2** Einfache Minusaufgaben sichern.

→ Schulbuch, Seiten 90/91   → KV

Schwierige Minusaufgaben

1 Nachbaraufgaben 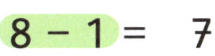. Immer 1 mehr weg.

8 – 1 = 7
8 – 2 = ____

4 – 1 = 3
4 – 2 = ____

9 – 1 = 8
9 – 2 = ____

2 Nachbaraufgaben ‹10›. Immer 1 mehr weg.

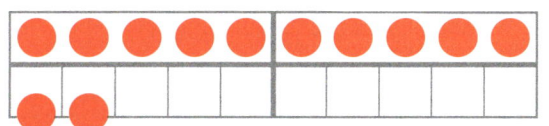

12 – 2 = 10
12 – 3 = ____

Leo

> Erst 12 – 2 = 10.
> Bei 12 – 3 nehme ich
> ein Plättchen mehr weg,
> also ist das Ergebnis
> 1 kleiner als 10.

11 – 1 = ____
11 – 2 = ____

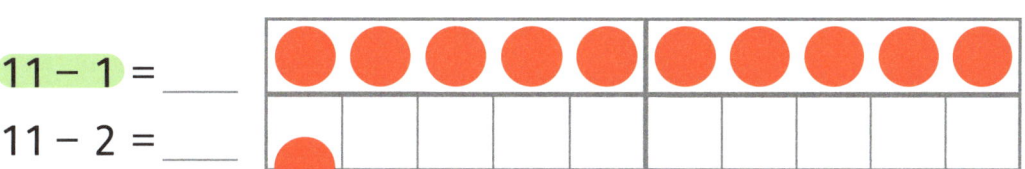

15 – 5 = ____
15 – 6 = ____

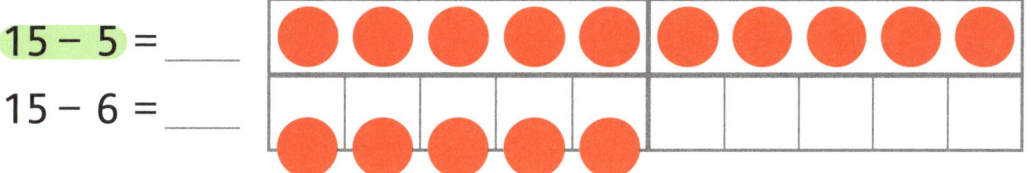

3 Rechne erst die einfache Aufgabe.

6 – 1 = ____	8 – 1 = ____	15 – 5 = ____	12 – 2 = ____
6 – 2 = ____	8 – 2 = ____	15 – 6 = ____	12 – 3 = ____

1–3 Einfache Aufgaben in Beziehung zu den Nachbaraufgaben setzen. Besprechen, wie die schwierige Aufgabe aus der einfachen hergeleitet werden kann.

→ Schulbuch, Seiten 92/93

67

Schwierige Minusaufgaben

1 Nachbaraufgaben 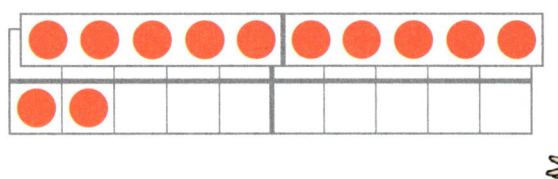. Immer 1 weniger weg.

Eric

> Erst 12 − 10 = 2.
> Bei 12 − 9 nehmen wir nicht 10 weg, sondern nur 9. Also ist das Ergebnis 1 größer als 2.

12 − 10 = _2_

12 − 9 = ____

15 − 10 = ____

15 − 9 = ____

11 − 10 = ____

11 − 9 = ____

2 Nachbaraufgaben 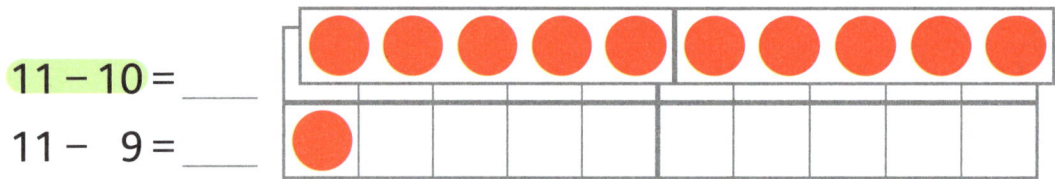. Immer 1 weniger weg.

7 − 5 = _2_

7 − 4 = ____

8 − 5 = ____

8 − 4 = ____

6 − 5 = ____

6 − 4 = ____

3 Rechne erst die einfache Aufgabe. Markiere ⟨ 5 ⟩ ⟨ 10 ⟩.

| 7 − 5 = ____ | 8 − 5 = ____ | 12 − 10 = ____ | 20 − 10 = ____ |
| 7 − 4 = ____ | 8 − 4 = ____ | 12 − 9 = ____ | 20 − 9 = ____ |

1–3 Einfache Aufgaben in Beziehung zu den Nachbaraufgaben setzen. Besprechen, wie die schwierige Aufgabe aus der einfachen hergeleitet werden kann.
→ Schulbuch, Seiten 92/93   → KV

Schwierige Minusaufgaben

1 Nachbaraufgaben $\diamond$ 10 $\diamond$.

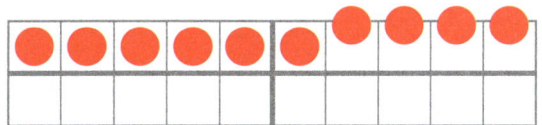

10 – 4 = _6_

11 – 4 = ____

Metin

> Erst 10 – 4 = 6.
> Bei 11 – 4 lege ich 1
> Plättchen dazu. Ich nehme
> wieder 4 weg. Also ist das
> Ergebnis 1 größer als 6.

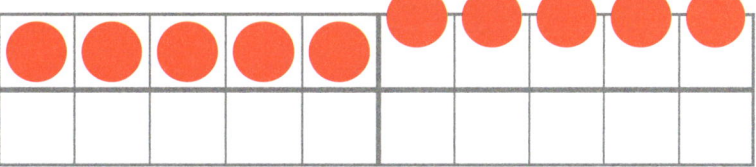

10 – 7 = ____

11 – 7 = ____

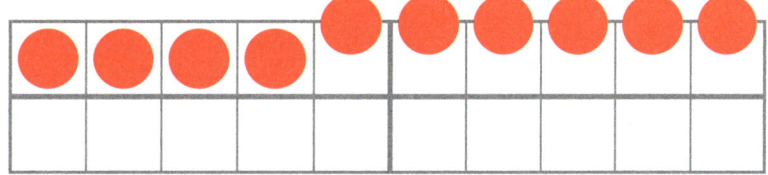

10 – 5 = ____

11 – 5 = ____

10 – 6 = ____

11 – 6 = ____

2 Rechne erst die einfache Aufgabe. Markiere $\diamond$ 10 $\diamond$.

10 – 3 = ____	10 – 8 = ____	10 – 2 = ____	10 – 9 = ____
11 – 3 = ____	11 – 8 = ____	11 – 2 = ____	11 – 9 = ____
10 – 3 = ____	10 – 8 = ____	10 – 2 = ____	10 – 9 = ____
9 – 3 = ____	9 – 8 = ____	9 – 2 = ____	9 – 9 = ____

3

9 – 4 = ____	9 – 5 = ____	9 – 7 = ____	9 – 6 = ____
10 – 4 = ____	10 – 5 = ____	10 – 7 = ____	10 – 6 = ____
11 – 4 = ____	11 – 5 = ____	11 – 7 = ____	11 – 6 = ____

1–3 Einfache Aufgaben in Beziehung zu den Nachbaraufgaben setzen. Besprechen, wie die schwierige Aufgabe aus der einfachen hergeleitet werden kann.

→ Schulbuch, Seiten 92/93

1 Immer 2 weniger. Decke ab und rechne.

$9 - 1 =$ ____
$9 - 3 =$ ____
$9 - 5 =$ ____
$9 - 7 =$ ____

2 Zeichne und rechne.

$8 - 2 =$ ____

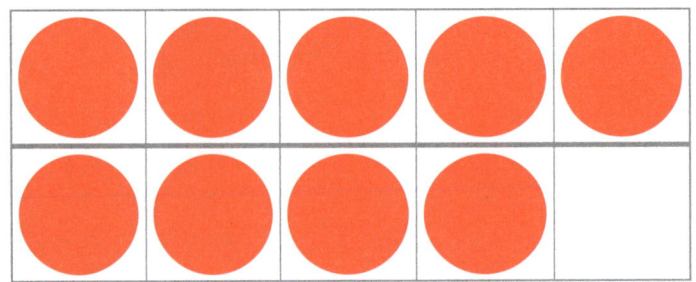

$8 - 3 =$ ____

$8 - 4 =$ ____

$8 - =$ ____

3 Lege und rechne.

$10 - 2 =$ ___	$7 - 2 =$ ___	$10 - 2 =$ ___	$5 - 5 =$ ___
$9 - 2 =$ ___	$7 - 3 =$ ___	$10 - 4 =$ ___	$6 - 5 =$ ___
$8 - 2 =$ ___	$7 - 4 =$ ___	$10 - 6 =$ ___	$7 - 5 =$ ___
___ $- 2 =$	$7 - =$	_____	_____

4

$2 - 1 =$ ___	$9 - 1 =$ ___	$6 - 0 =$ ___	$3 - 1 =$ ___
$3 - 2 =$ ___	$8 - 2 =$ ___	$7 - 2 =$ ___	$4 - 2 =$ ___
$4 - 3 =$ ___	$7 - 3 =$ ___	$8 - 4 =$ ___	$5 - 3 =$ ___
$5 - 4 =$ ___	$6 - 4 =$ ___	$9 - 6 =$ ___	$6 - 4 =$ ___

1 Aufgabenserie weiter legen.   **2** Zusammenhänge an den Bildern und den Aufgaben erkennen und beschreiben.
3, 4 Operative Päckchen rechnen. Zusammenhänge erkennen und nutzen (bei Nr. 3 immer eine Zahl verändert/bei Nr. 4 immer beide Zahlen verändert).

→ Schulbuch, Seite 95

1 Finde Minusaufgaben zum Bild.

2 Finde Minusaufgaben am Zehnerfeld.

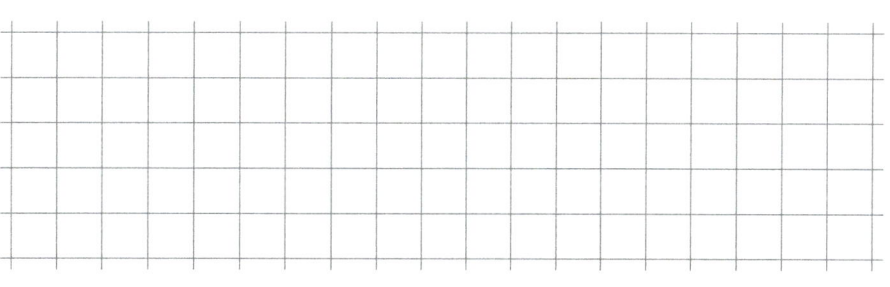

_____ – _____ = _____   _____ – _____ = _____

3 Rechne einfache Aufgaben.

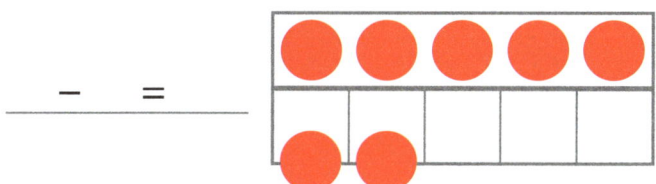

5

5 – 2 = ____   5 – 1 = ____
5 – 3 = ____   5 – 4 = ____

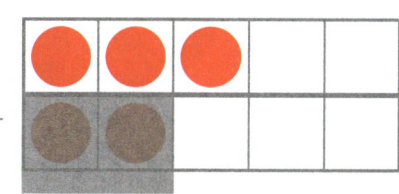

10

10 – 7 = ____   10 – 2 = ____
10 – 3 = ____   10 – 8 = ____

1

4 – 1 = ____   6 – ____ = 1
7 – 1 = ____   8 – ____ = 1

10

12 – 10 = ____   11 – ____ = 10
15 – 10 = ____   20 – ____ = 10

5

8 – 5 = ____   9 – ____ = 5
6 – 5 = ____   10 – ____ = 5

halb

4 – 2 = ____   8 – 4 = ____
6 – 3 = ____   2 – 1 = ____

4 Mit Nachbaraufgaben rechnen.

6 – 1 = ____   9 – 5 = ____   10 – 6 = ____   10 – 3 = ____
6 – 2 = ____   9 – 6 = ____   11 – 6 = ____   11 – 3 = ____

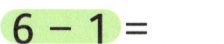

Wesentliche Inhalte des Kapitels noch einmal reflektieren, die eigenen Kompetenzen einschätzen.

→ Schulbuch, Seiten 96/97

Plus und Minus

1 Finde Aufgaben zum Bild.

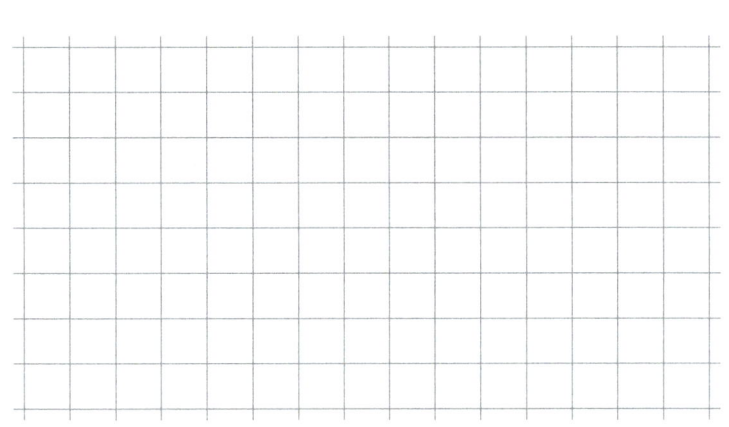

2

5 − 2 = ____

 3 + 2 = ____

10 − 3 = ____

7 + 2 = ____

1 Zum Bild eigene Geschichten erzählen und passende Aufgaben notieren (mehrere Aufgaben sind möglich). **2** Eigene Bilder zu den Aufgaben zeichnen.

→ Schulbuch, Seiten 100/101

Plus und Minus

1 Welche Aufgaben passen zum Bild?

3 − 2

2 + 1

2 + 4

6 − 2

2 Lege erst dazu und nimm dann weg.

$7 + 3 =$ ____ 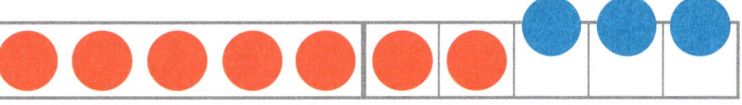 $10 − 3 =$ ____

$9 + \ \ =$ ____ 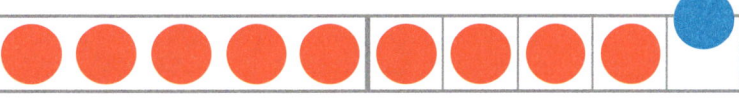 $10 − \ \ =$ ____

$5 + \ \ =$ ____  $7 − \ \ =$ ____

$\ \ + \ \ =$ ____  $\ \ − \ \ =$ ____

---

1 Zum Bild eigene Geschichten erzählen und passende Aufgabe zuordnen. Zum unteren Bild passen 2 + 4 und auch 6 − 2.
2 Zu jeder Darstellung Plus- und Minusaufgabe finden. Besprechen, dass die Darstellung als Plusaufgabe (Plättchen kommen dazu) und als Minusaufgaben (Plättchen werden weggenommen) gesehen werden kann.

→ Schulbuch, Seiten 100/101   → KV

73

Plus und Minus

1 Spielt Räuber und Goldschatz. Schreibt die Aufgaben auf.

5 + ☐ = _____

☐ − ☐ = _____

☐ + ☐ = _____

☐ − ☐ = _____

☐ + ☐ = _____

☐ − ☐ = _____

☐ + ☐ = _____

☐ − ☐ = _____

☐ + ☐ = _____

☐ − ☐ = _____

☐ + ☐ = _____

☐ − ☐ = _____

1 In Partnerarbeit „Räuber und Goldschatz" spielen, mit einem modifizierten Würfel, der nur die Augen 1 bis 3 hat (jede Augenzahl doppelt). Spielverlauf notieren: Würfel zeichnen und Aufgabe eintragen. Positionen möglichst rechnerisch bestimmen.

→ Schulbuch, Seiten 102/103

Plus und Minus

1 Wo liegt der Schatz?

 $5 + 1 = 6$

 $6 - 2 =$

 $4 + \quad =$

 $\quad - \quad =$

 $\quad + \quad =$

 $\quad - \quad =$

 $5 + \quad =$

 $\quad - \quad =$

 $\quad + \quad =$

 $\quad - \quad =$

 $\quad + \quad =$

 $\quad - \quad =$

2 Umkehraufgaben.

 $5 + 1 = 6$

 $6 - 1 = 5$

 $7 + \quad =$

 $\quad - \quad =$

 $4 + \quad =$

 $3 + \quad =$

 $\quad - \quad =$

 $2 + \quad =$

 $\quad - \quad =$

 $5 + \quad =$

 $\quad - \quad =$

---

1 Spielplan auf der linken Seite nutzen. Vorgegebenen Spielverlauf nachvollziehen und beschreiben, Aufgaben ausrechnen.
2 Einzelne Spielzüge ausrechnen und Struktur der Umkehraufgaben anbahnen.

→ Schulbuch, Seiten 102/103

Umkehraufgaben

1 Plus und minus: Dazu und weg.

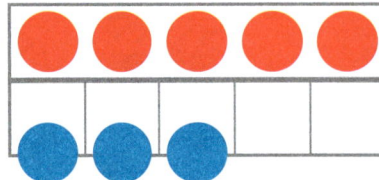

5 + 2 = _____   7 − ___ = _____

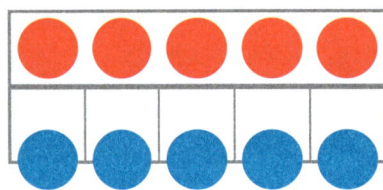

5 + ___ = _____   8 − ___ = _____

5 + ___ = _____   10 − ___ = _____

2 Immer plus und minus.

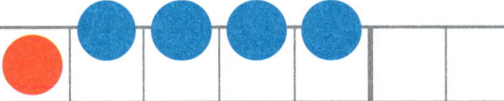

1 + 4 = _____
5 − 4 = _____

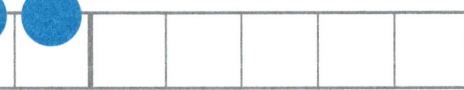

3 + ___ = _____
7 − ___ = _____

___ + ___ = _____
___ − ___ = _____

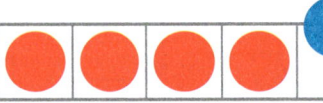
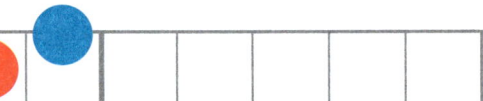

___ + ___ = _____
___ − ___ = _____

___ + ___ = _____
___ − ___ = _____

1 Zu jeder Darstellung die Aufgabe und ihre Umkehraufgabe finden. **2** Eigene Aufgabe und Umkehraufgabe darstellen.

→ Schulbuch, Seiten 104/105   → KV

Tauschaufgaben

1 Finde die Tauschaufgaben.

5 + 1 = _____

1 + 5 = _____

5 + 2 = _____

2 + 5 = _____

3 + ___ = _____

___ + 3 = _____

4 + ___ = _____

___ + ___ = _____

2 Tauschaufgaben.

6 + 2 = _____

2 + ___ = _____

4 + ___ = _____

___ + ___ = _____

___ + ___ = _____

___ + ___ = _____

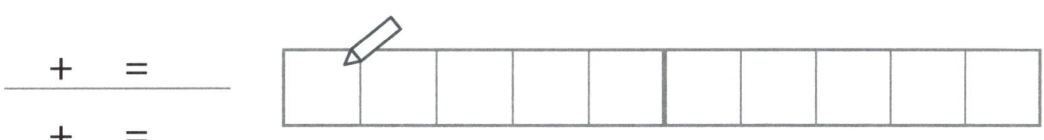

___ + ___ = _____

___ + ___ = _____

3 Welche Aufgabe findest du einfacher? Kreuze an.

☐ 6 + 2 = _____   ☐ 1 + 8 = _____   ☐ 5 + 1 = _____

☐ 2 + 6 = _____   ☐ 8 + 1 = _____   ☐ 1 + 5 = _____

☐ 2 + 7 = _____   ☐ 1 + 6 = _____   ☐ 2 + 8 = _____

☐ 7 + 2 = _____   ☐ 6 + 1 = _____   ☐ 8 + 2 = _____

1, 2 Zu einer bildlichen Darstellung im Zehnerfeld Tauschaufgaben finden und berechnen. **2** Eigenproduktionen zu Tausch-
aufgaben darstellen und berechnen. **3** Aufgabe und Tauschaufgabe bzgl. des Rechenaufwandes vergleichen. Wahl der
größeren Zahl als ersten Summanden als Rechenvorteil herausstellen.

→ Schulbuch, Seiten 104/105 → KV

Ergänzen

1 Wie viele fehlen?

3 + ___ = 4   4 + ___ = 6   5 + ___ = 10

2 Ergänze. Wie viele fehlen?

 2 + ___ = 5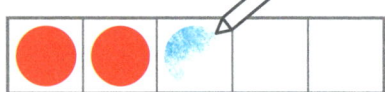

2 + ___ = 4

2 + ___ = 3

Eva

3 Ergänze.

 3 + ___ = 5   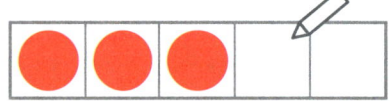   4 + ___ = 5

1 + ___ = 5   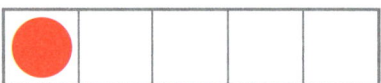   2 + ___ = 5

4 Ergänze.

 8 + ___ = 10   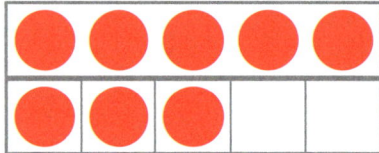   7 + ___ = 10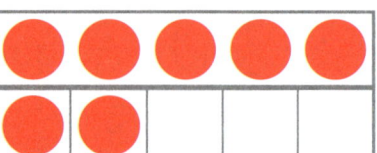

5 + ___ = 10   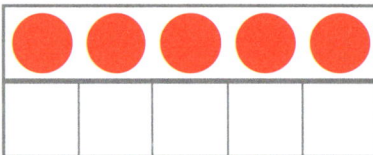   6 + ___ = 10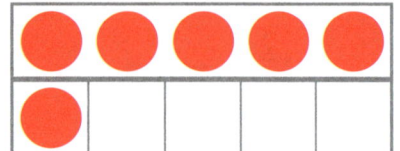

1 Aufgaben durch Ergänzen lösen.   **2–4** Ergänzen an verschiedenen Zahlenfeldern. Erst legen, evtl. dazu zeichnen.
Den 2. Summanden mithilfe der Darstellung geschickt bestimmen.

→ Schulbuch, Seiten 108/109   → KV

Ergänzen

1 Was fällt dir auf?

$2 + \underline{\quad} = 7$

$3 + \underline{\quad} = 8$

$4 + \underline{\quad} = 9$

$5 + \underline{\quad} = 10$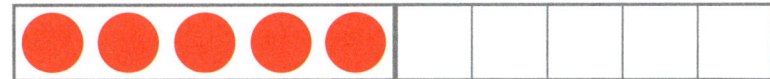

2 Was fällt dir auf?

$2 + \underline{\quad} = 10$

$8 + \underline{\quad} = 10$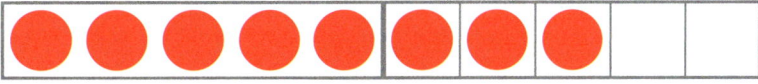

$7 + \underline{\quad} = 10$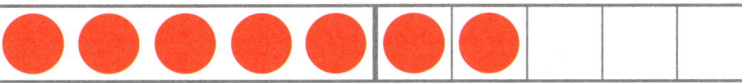

$3 + \underline{\quad} = 10$

3 Was fällt dir auf?

$4 + \underline{\quad} = 5$	$9 + \underline{\quad} = 10$	$5 + \underline{\quad} = 10$
$3 + \underline{\quad} = 5$	$8 + \underline{\quad} = 10$	$4 + \underline{\quad} = 10$
$2 + \underline{\quad} = 5$	$7 + \underline{\quad} = 10$	$3 + \underline{\quad} = 10$
$2 + \underline{\quad} = 4$	$8 + \underline{\quad} = 10$	$7 + \underline{\quad} = 10$
$3 + \underline{\quad} = 6$	$6 + \underline{\quad} = 10$	$5 + \underline{\quad} = 10$
$4 + \underline{\quad} = 8$	$4 + \underline{\quad} = 10$	$3 + \underline{\quad} = 10$

1, 2 Aufgaben durch Ergänzen lösen. Einzelnes Zählen vermeiden. Zusammenhänge beschreiben und nutzen. **3** Geschicktes Ausrechnen durch Nutzen von aufeinanderfolgenden Aufgaben besprechen.

→ Schulbuch, Seiten 108/109   → KV

79

Rechendreiecke

1

3 _____ 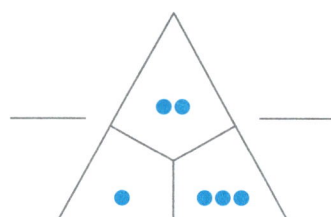 4 _____

_____

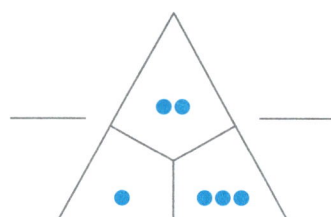   _____   _____

_____

_____ _____   _____ _____

_____

2

_____ 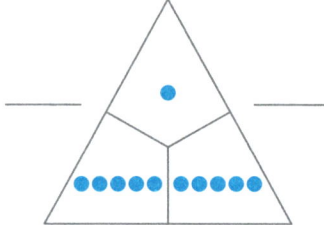 _____

_____

_____ 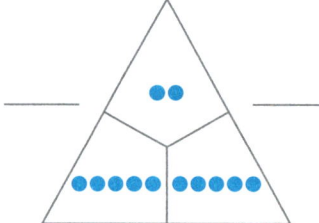 _____

_____

_____ 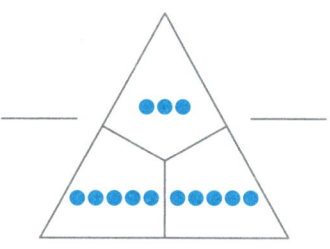 _____

_____

3

_____ 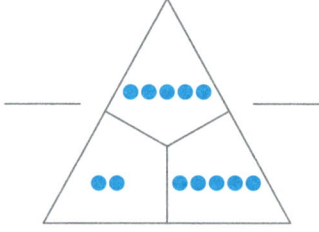 _____

_____

_____ 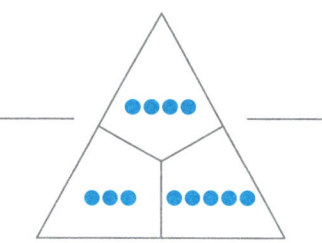 _____

_____

_____ 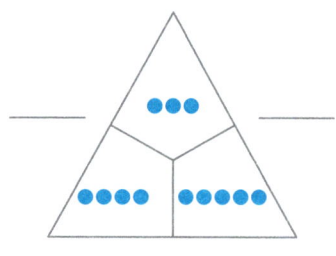 _____

_____

4 Finde Rechendreiecke.

_____ 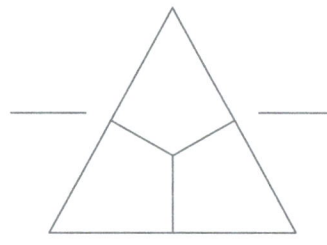 _____

_____

_____ 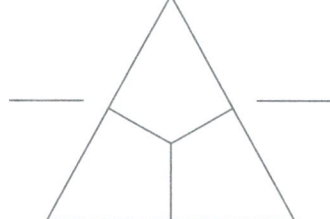 _____

_____

_____ 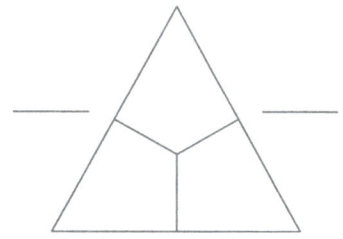 _____

_____

1–3 Rechendreiecke vervollständigen und vergleichen. Eventuell mit Plättchen auf KV legen. Weiterführend können Veränderungen der Innenzahlen beschrieben und deren Auswirkungen auf die Außenzahlen begründet werden. Zur Begründung Plättchen nutzen.   **4** Entdeckungen an Rechendreiecken für Eigenproduktionen nutzen.

→ Schulbuch, Seite 110   → KV

1 Rechne und vergleiche.

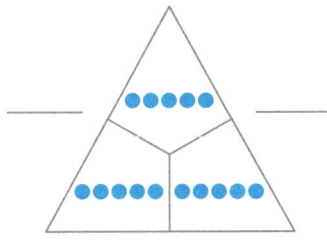 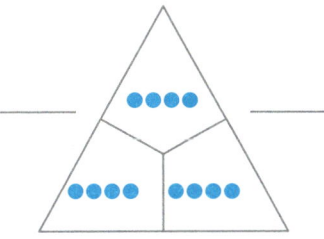 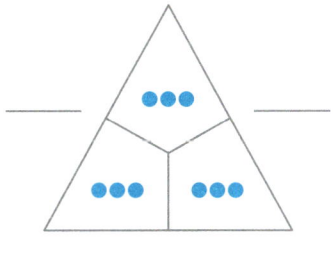

2

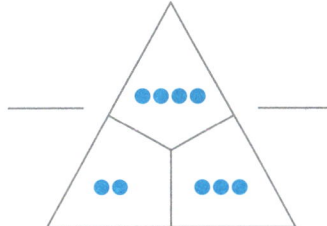 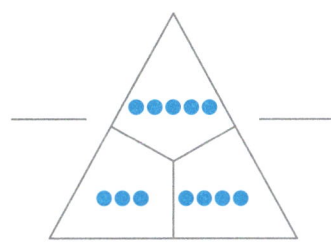

3

8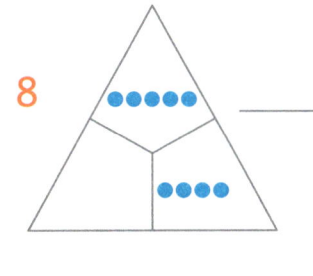

8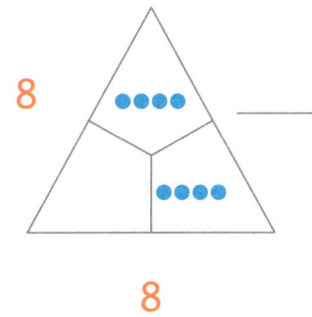

7

8

8

4 Verändere das Rechendreieck.

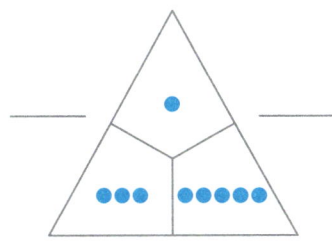 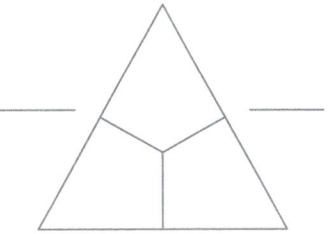 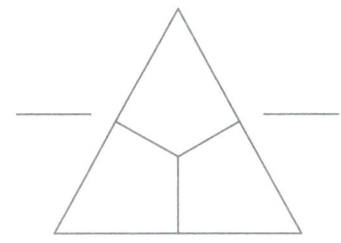

1–3 Rechendreiecke vervollständigen und vergleichen. Veränderungen der Innenzahlen beschreiben und deren Auswirkungen auf die Außenzahlen begründen. Zur Begründung Plättchen nutzen. **3** Lücken bei den Innenzahlen durch Ergänzen ausfüllen. **4** Eigenproduktionen.

→ Schulbuch, Seite 111   → KV

1 Plus und minus. Finde Aufgaben zum Bild.

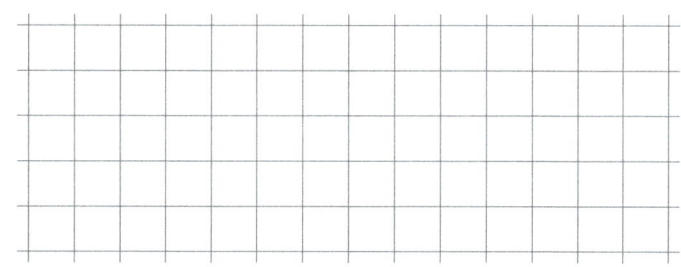

2 Umkehraufgaben.

$4 +\ \ \ \ =$ _____

$7 -\ \ \ \ =$ _____

_____ $+ 4 =$

_____ $- 4 =$

3 Tauschaufgaben.

$6 + 2 =$ _____

_____ $+$ _____ $=$

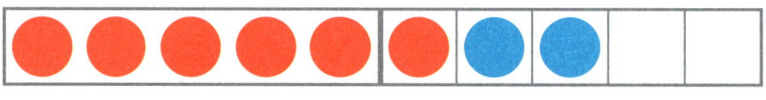

$3 + 5 =$ _____

_____ $+$ _____ $=$

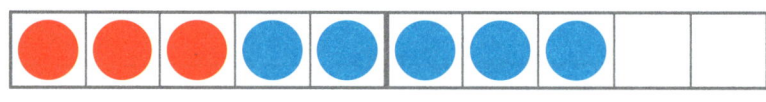

4

3 _____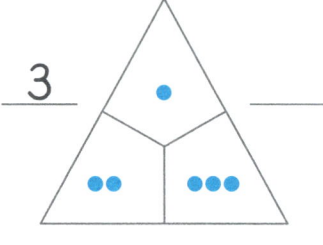

_____

5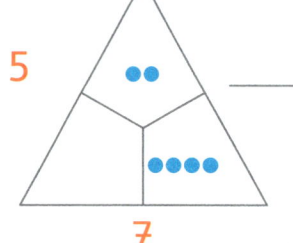

7

7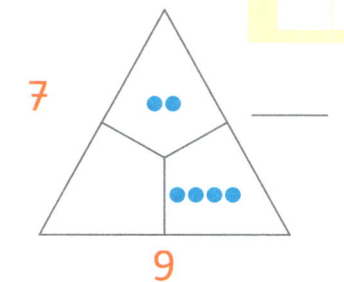

9

Wesentliche Aspekte des Kapitels noch einmal reflektieren, die eigenen Kompetenzen einschätzen.
→ Schulbuch, Seiten 112/113

Die Einspluseins-Tafel

1 Finde die Aufgaben in der Einspluseins-Tafel. Färbe.

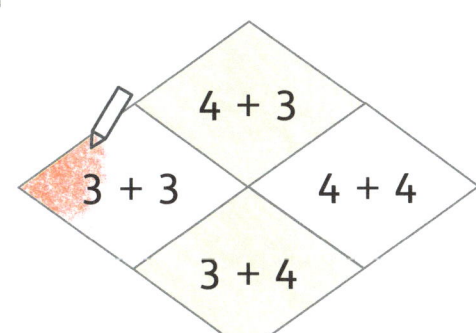

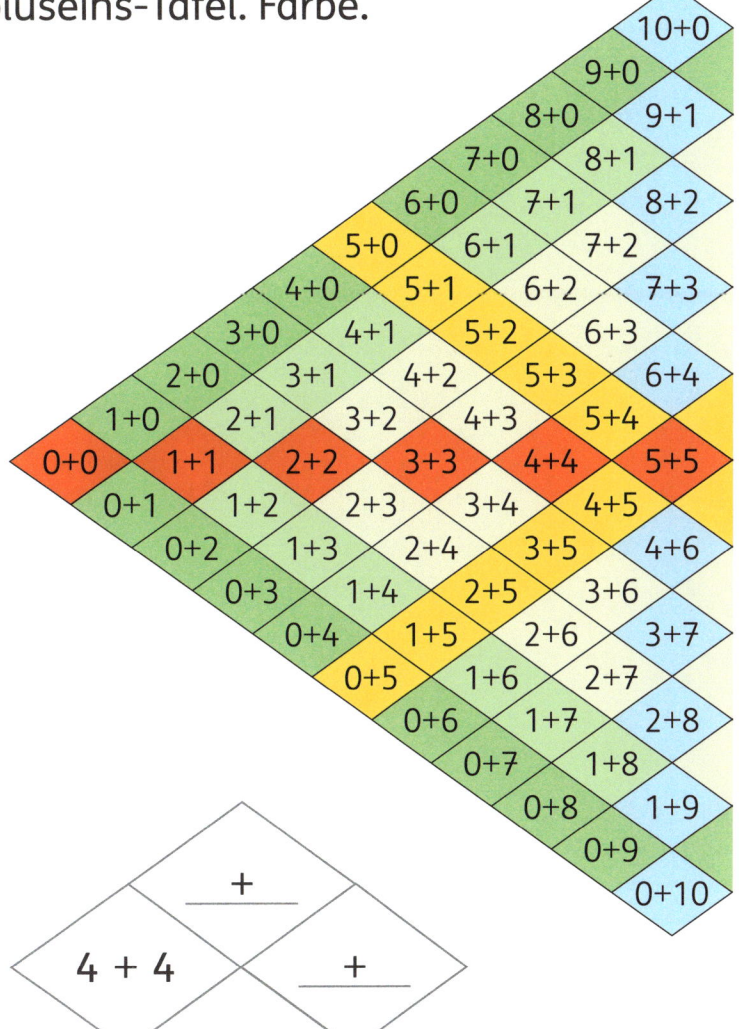

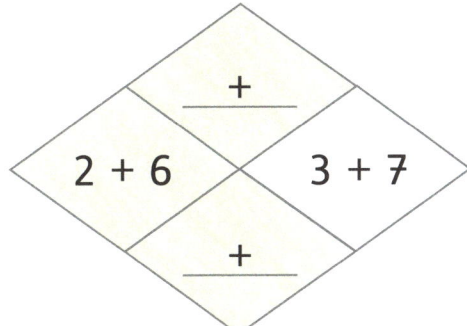

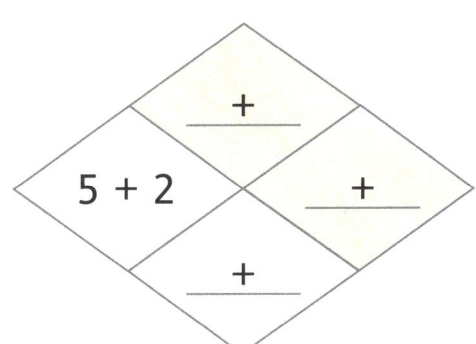

2 Finde die Aufgaben. Was fällt dir auf?

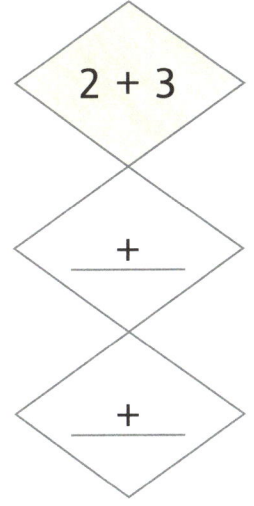

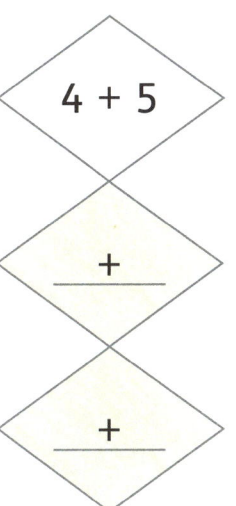

1, 2 Aufgaben in der Einspluseins-Tafel wiederfinden, fehlende Angaben ergänzen und vergleichen. Felder färben.
→ Schulbuch, Seiten 118/119

83

Die Einspluseins-Tafel

1 Finde die Aufgaben in der Einspluseins-Tafel. Färbe und rechne.

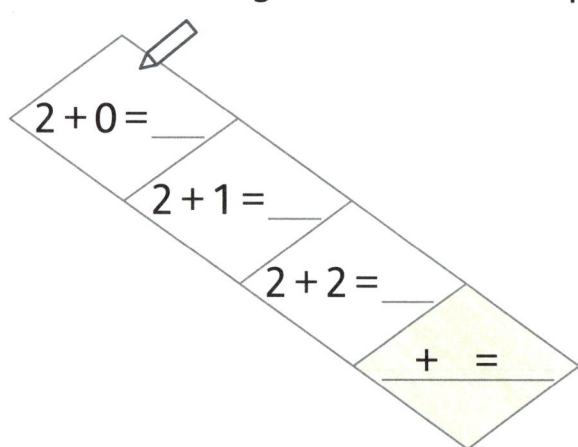

$2 + 0 =$ ___

$2 + 1 =$ ___

$2 + 2 =$ ___

___ $+$ ___ $=$

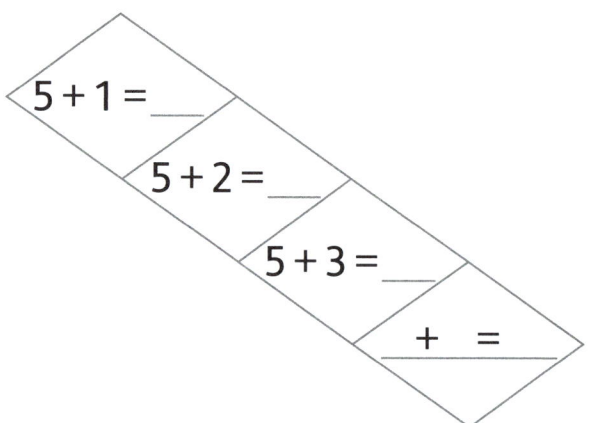

$5 + 1 =$ ___

$5 + 2 =$ ___

$5 + 3 =$ ___

___ $+$ ___ $=$

2 Finde die Aufgaben in der Einspluseins-Tafel. Färbe und rechne.

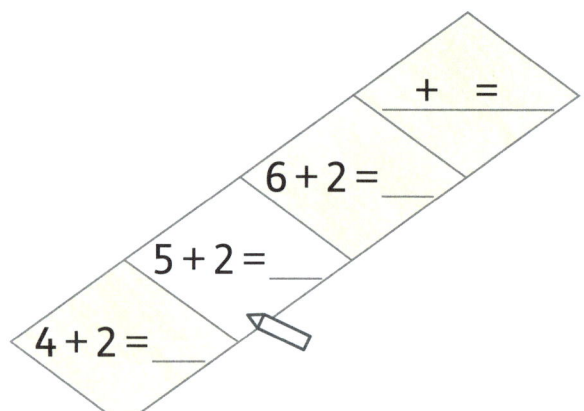

___ $+$ ___ $=$

$6 + 2 =$ ___

$5 + 2 =$ ___

$4 + 2 =$ ___

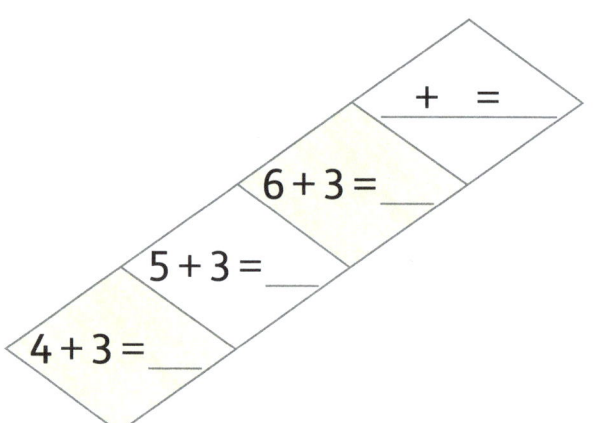

___ $+$ ___ $=$

$6 + 3 =$ ___

$5 + 3 =$ ___

$4 + 3 =$ ___

3 Wege auf der Einspluseins-Tafel. Färbe, rechne und vergleiche.

$2 + 1 =$ ___ $3 + 2 =$ ___ $4 + 3 =$ ___   ___ $+$ ___ $=$

$0 + 2 =$ ___ $1 + 3 =$ ___ $2 + 4 =$ ___   ___ $+$ ___ $=$

$1 + 1 =$ ___ $2 + 2 =$ ___ $3 + 3 =$ ___   ___ $+$ ___ $=$

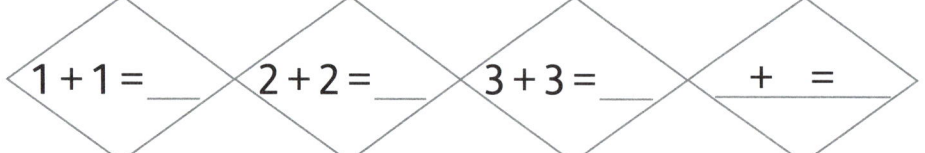

1–3 Aufgaben in der Einspluseins-Tafel wiederfinden und vergleichen, Felder färben. Zahlen und Terme vergleichen. Muster auf der Einspluseins-Tafel erkennen und nutzen.

→ Schulbuch, Seiten 118/119

Gleichungen und Ungleichungen

1 < oder > oder =?

2 ◯ 5

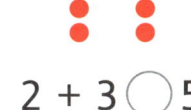

2 + 3 ◯ 5

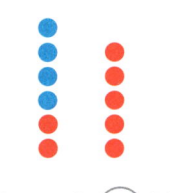

2 + 4 ◯ 5

2 ist kleiner als 5. Ich lege 3 Plättchen zur 2 dazu. Dann sind es gleich viele wie 5.

Finn

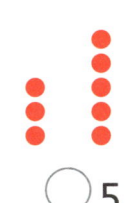

____ ◯ 5

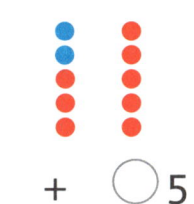

____ + ____ ◯ 5

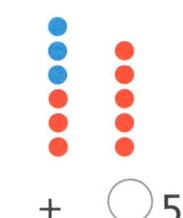

____ + ____ ◯ 5

2

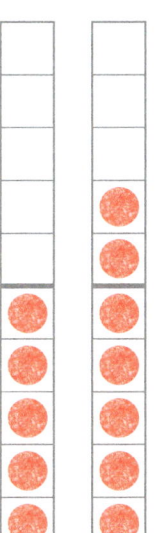

5 < 7

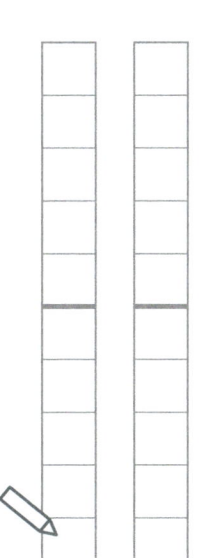

5 + ____ = 7

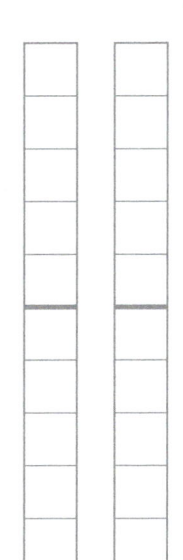

5 + ____ > 7

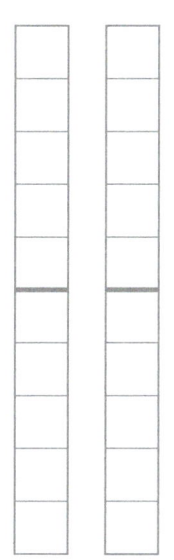

4 + 5 ◯ 5

3 Vergleiche erst, mache dann gleich.

3 ◯< 5
3 + _2_ = 5

1 ◯ 5
1 + ____ = 5

2 ◯ 5
2 + ____ = 5

4 ◯ 5
4 + ____ = 5

3 ◯ 10
3 + ____ = 10

1 ◯ 10
1 + ____ = 10

2 ◯ 10
2 + ____ = 10

4 ◯ 10
4 + ____ = 10

1 Additive Veränderung einer Zahl mit einer anderen Zahl vergleichen. **2** Additive Terme und Zahlen zum Vergleich zeichnen.
3 Zahlen vergleichen und additiv so verändern, dass sie gleich werden.

→ Schulbuch, Seiten 120/121   → KV

Gleichungen und Ungleichungen

1 Immer 7. Welche Zahl passt?

 $3 +\ \rule{1cm}{0.4pt}\ = 7$

 $5 +\ \rule{1cm}{0.4pt}\ = 7$

  $\rule{1cm}{0.4pt}\ + 4 = 7$

 $6 +\ \rule{1cm}{0.4pt}\ = 7$

 $\rule{1cm}{0.4pt}\ + 1 = 7$

2 Immer 8. Welche Zahl passt?

 $3 +\ \rule{1cm}{0.4pt}\ = 8$ $5 +\ \rule{1cm}{0.4pt}\ = 8$

 $6 +\ \rule{1cm}{0.4pt}\ = 8$  $2 +\ \rule{1cm}{0.4pt}\ = 8$

3 Welche Zahlen passen?

 $4 +\ \blacksquare\ < 8$  $4 +\ \blacksquare\ > 8$

$\underline{3, 2, 1}$ $\rule{3cm}{0.4pt}$

 $2 +\ \blacksquare\ < 5$  $2 +\ \blacksquare\ > 5$

$\rule{3cm}{0.4pt}$ $\rule{3cm}{0.4pt}$

 $6 +\ \blacksquare\ < 10$  $6 +\ \blacksquare\ > 10$

$\rule{3cm}{0.4pt}$ $\rule{3cm}{0.4pt}$

1–3 Mögliche Zerlegungen mit 2 Würfelzahlen finden und eintragen.   **3** Da mehrere Zahlen passen, sind mehrere Würfeldarstellungen möglich.

→ Schulbuch, Seiten 120/121   → KV

Gerade und ungerade Zahlen

1 Halbiere.

6 = 3 + _____   10 = ___ + _____   8 = ___ + _____

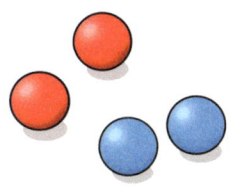 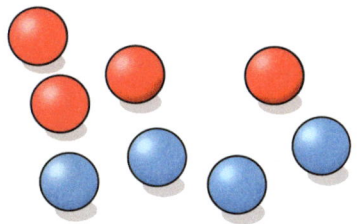 

4 = ___ + _____   8 = ___ + _____   2 = ___ + _____

2 Welche Zahlen lassen sich halbieren? Kreuze an.

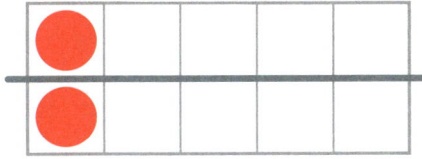 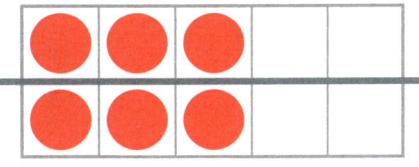 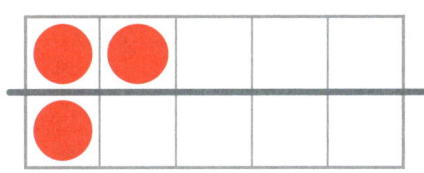

☒ 2 = 1 + 1   ☐ 6 = ___ + _____   ☐ 3 = ___ + _____

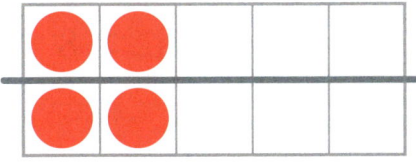 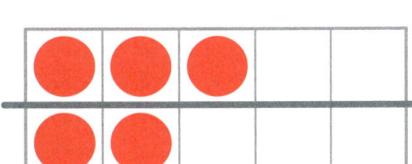 

☐ 4 = 2 + 2   ☐ 5 = ___ + _____   ☐ 1 = 1 + 0

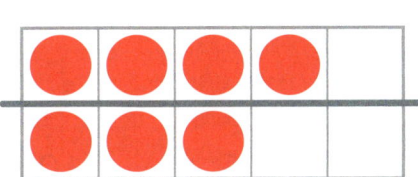 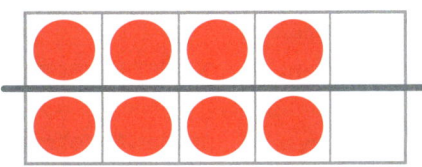 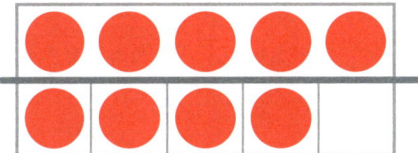

☐ 7 = ___ + _____   ☐ 8 = ___ + _____   ☐ 9 = ___ + _____

1 Anzahlen halbieren (in 2 Gruppen verteilen). Zusammenhänge zwischen Halbieren und Verdoppeln erkunden.   **2** Halbieren und Fast-Halbieren unterscheiden.

→ Schulbuch, Seiten 122/123   → KV

87

Zahlenmauern

1 Vergleiche.
Beschreibe und setze fort.

Paula   Luis

> 2 + 3 = 5. Ich schreibe 5 in den Deckstein.

> Der rechte Grundstein wird 1 größer. Wie verändert sich der Deckstein?

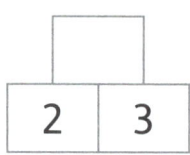

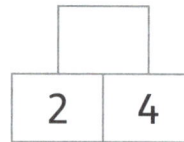

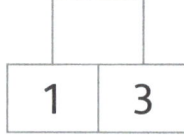

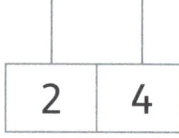

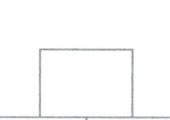

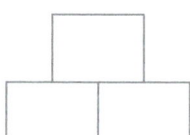

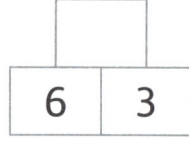

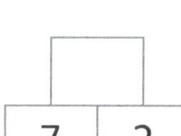

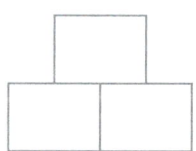

2 Finde die fehlenden Zahlen. Vergleiche. Was fällt dir auf?

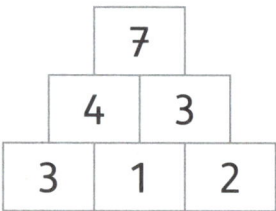

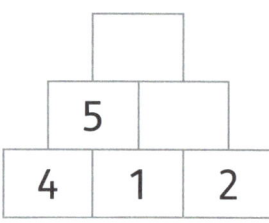

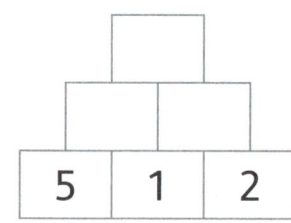

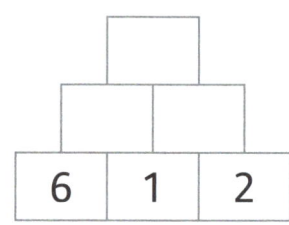

1 Fehlende Zahlen ergänzen. Zahlenmauern vergleichen, Veränderungen der Grundsteine beschreiben und deren Auswirkungen auf die Deckzahlen begründen. Eventuell mit Plättchen legen. **2** Zahlenmauern mit fehlenden Innenzahlen finden und vergleichen.

→ Schulbuch, Seiten 126/127 → KV